虚空蔵菩薩像（虚空蔵求聞持法本尊。著者画。以下すべて同じ）

胎蔵界曼荼羅

金剛界曼荼羅

新町川灯籠流し本尊（天女）

弘法大師御影

愛染明王像

ちくま新書

密教アート入門

真鍋俊照
Manabe Shunsho

1121

密教アート入門【目次】

はじめに

今、各地で仏像拝観のツアーがにぎわっている。同時に神社への参拝も、伊勢神宮をはじめあちこちでさかんである。また美術の視点でいうと、彫刻だけでなく仏画への関心も高まっている。それだけではない。神社仏閣の建築もふくめた景観の中で癒されたいという願望が、多くの人にあるらしい。ともかくそういう仏や神がいる空間に、意図的に近づきたいと願う人々も多いのである。それに、お経も単にとなえたり聞いたりというだけでなく、語句の内容について、もっとくわしく知りたい、理解したいという人が増えているようだ。

このような状況の中で、仏教美術でも中身が難しいといわれている密教美術について、さまざまな興味と美意識をとおして問題点を探ってみることも重要な仕事かな、と最近、とくに考えるようになったのである。

こうした傾向について海外の場合はどうであろうか。チベット密教の写真集の出版やその美術の研究がここ数十年、格段の進歩をとげたことは大きい。ヨーロッパやアメリカでは、昔からチベット学という独自の分野がインド哲学・仏教学の体系の中にあって、伝統的な研究が今なおさかんに行われている。こうした美術をチベット密教の文化圏の柱としてとらえ、そこからチベットおよびネパールやブータンをフィールドとして、東アジアの未知の旅、秘境にいどむといった新たな観光もうまれている。

†日本とチベット密教美術

こうしてチベット美術が一般に知られるようになると、逆に日本の密教美術と空海の存在に目が向けられてくる。秘境の美術が対比でクローズアップされることになる。つまりチベットやネパールの美術が日本の密教美術とどう違うのか、美術の内容の比較である。ただ両者の歴史を比べると、空海の美術は九世紀と古いが、チベット美術は一五世紀以降と新しい。そしてチベットの密教美術の場合は曼荼羅《まんだら》が中心であるが、その内容は一見してなかなか理解しがたい。

その最大の理由は、ヤブユムの像があちこちに多いことである。ヤブユムとは、男性神、女性神がだきあい合体し交合している姿・図像をいう。現地へ行ってみるとそれがいやらしくないのが不思議で、むしろ、その表現のものすごいエネルギーに圧倒される。日本における通常の仏教の考えかたでは、僧侶が日常生活において、このような行為を想像することも戒律でかたくいましめられている。つまり、修行のさまたげになるからと、なかなか認めがたいのである。ところがチベット密教の礼拝対象（壁画やタンカすなわち画軸）では、男性神と女性神が仏や神の姿にかわって見事に美化されて眼前に提示されている。人々はその姿を心から讃仰している。

日本ではこの二つが神格化されたものは、道祖神が近い。しかし日本の道祖神は仲よく並んでいる立像が多く、チベットのそれとは、発想の根本がまるで違う。

この矛盾した光景をどう読み解くか、興味深い。とくにインドでは、ヒンドゥー教のシヴァ神のシャクティ（性力）の神格化した姿があり、それに焦点をあてている。そこにはヒンドゥー教美術がエロスの根源に迫る図像となり、さまざまな彫像や絵画が展開される。チベット美術の場合もほぼこれに近いが、日本の美のありようとはかなり違うようにみえる。ヒンドゥー教美術のエロスと、チベット密教美術のエロスとは、根本的に違うのだが、両者には男性性、女性性の人体と構造に類似したエネルギーの発露が共通している。美化されたエロスの存在は注目に値するし、諸尊のエネルギーにみちた彫像が多い。

こうした礼拝対象は、本書のタイトルに銘うった「密教アート」の視点で見直すと、その大部分は「曼荼羅の仏像」として構図をとらえることができる。曼荼羅においては、正面からまっすぐ画面をつらぬくように視点が「たて」「よこ」にひろがる。また逆にそれを拡大して見せようとする画面の側からの効果が、視覚を自由にあやつる面白さで展開する。いいかえると曼荼羅の画面はミクロとマクロによって成りたっているのだ。むろんその面白さの追求や見方の設定は、自力で見出し選択しなければならない。いずれにせよ、その対象はすべて目の前にあるということである。ここが「曼荼羅の仏像」独特のイメージになる。

私は若いとき修行中に、日本密教の曼荼羅を眼前にして、（女性的原理をあらわす）胎蔵界曼荼羅の画面には、目をうばわれ心が乱れたが、（男性的原理をあらわす）金剛界曼荼羅の画面を見ると、なぜか心が落ちついたのを覚えている。描かれた曼荼羅の画面の仏を見つめることによって、間違いなく私と同体化したのだ。仏の彩色《いろ》、かたち、顔相の表情などを見つめることによって、仏のしぐさとともにその中に入ってゆくことができる。それは仏像そのものが釈尊をモデルに見立てて法身《ほっしん》となり、人間以上のエネルギーを感ずることにつながるからだ。

密教アートを対象とする密教仏や密教図像・密教絵画の多くは、究極において男と女の肉体をのみ込む宗教的な力をもっている。仏が人間の肉体をのみ込むのだ。それゆえに神秘的である。ここに私は引きつけられる。また、その融合が面白い。インド文化の美を考えるとき、美意識よりもそれを超えたところの身体的宇宙を見る眼《まなざし》が必要である。

またその感性は音に源《みなもと》があると思う。さらに、インドのシタール奏者などの演奏（アドリブ）を聞くと、すべて香料スパイスの匂いと味のやさしさがその原点にあるはずだと思われてくる。この脈絡は古代インドのヴェーダの時代以来変わらないのではないか。

私も昭和五〇年代にインドから西チベットへと旅をして、ラサ、シガツェ、ラダック・レー等のチベット曼荼羅の宝庫をめぐった経験がある。そのとき、いつもそのことを痛感していた。いうまでもなく密教美術の源はインドである。「インドと密教美術と密教アート」という脈絡を考えると、やはり密教アートの発想の出発点にたち帰ることになる。すなわちインドには、インド密教を探って、その原初的な「形（かたち）」、「彩色（いろ）」、「匂（におい）」の追求がある。チベット密教の場合は現地にある作例をとおして根源的な問題を考えようとする。

†五感で感じる密教アート

よく密教は「五感《ごかん》の宗教」だといわれるが、その根拠の一つとして味覚（舌）と聴覚（耳）、触覚（皮膚）、視覚（眼）、嗅覚（鼻）をいう。あとで詳しくふれるがこれは仏教の五根《ごこん》を根拠にしている。インドでヒンドゥーのシタールを通して幽玄な音を聞き、スパイスのきいた食事をする、このちょっとミスマッチな感じは五感がコントロールしている。不思議な力が自然とこの身体の中にある。また、密教が発見した色（カラー）は味覚でささえられるという側面もある。

つまり「密教アート」は個々のエネルギーの所在《ありか》を考えさせる。そこから空海を軸とする、密教美術にかかわるさまざまな発想の根源にたどりつく。仏教では人間には五官があり、そこから生まれる五感（五つの感覚）をとおして、美術に介在する美意識も考えざるをえなくなる。さらにこうした食事は、味覚から聴覚の問題につながり、インド音楽と密教美術と声明、スパイス（香辛料）、五感、といった「密教アート」をとりまく、さまざまな身体から生じる楽しみと美の根源について考えることになる。ただ、仏教美術の通常の感性と少し違うのは、密教アートではその美意識の奥にある「隠れた密教めいた」もう一つの秘密の美の所在が問題になる点である。そうした密教美術のありようについてもふれる必要がある。

だいぶ前に密教の行者の修行中の食事が注目された。「密教食」ブームである。密教食は禅の精進料理に近似するが、わずかな食べものをよくかんで食べることによって、大きく深い食体験を実感することができる。密教食と精進料理は、あくまでも修行の階梯における生活の一部である。修行中の苛酷な環境におかれた肉体が欲求する、油もの、肉の疑似的な料理などを味わうことになる。その味覚は、曼荼羅に描かれた諸尊の赤・青・黄・白・黒の色あいの美の所在と対比してみると、そこに不思議な共通点を見出すことができる。味わう前の嗅覚による「におい」と、その場でたかれたお香の「におい」と、画像に描かれた仏の尊容は妙につながってゆく。おそらく真言行者は、これらの感覚を体内で、美意識と感性の共通点を感じつつ総括的に受けとめて考えるはずである。

したがって「密教アート」の概念では、身体の中に宿っている味覚の記憶も合体して、曼荼羅の美と一緒になる。このときの焼香等の「におい」は身体の全身におよぶ。食通の人にいわせると、焼香に使う数種の香料の中には、精進揚げの中の胡麻油とよく似た材質を嗅ぎ分けることができるという。もちろん修行中にはそういうことはありえないが、冷静な気持で静かに精進料理を食べていると、ふとそんな関係がつながってくる。これも「密教アート」の範囲において許される受けとめかたに相違ない。

人間には、煩悩をおこさせる根本、すなわち「六根《ろっこん》」の、眼《げん》（見ることと色）、耳《じ》（音や声）、舌《ぜ》（おいしい、まずい、からい、甘いなどの味）、鼻《び》（かぐわしい香り、におい）、身《しん》（からだでふれる、感触）、意《い》（こころで受けとめる、何か全身で感じるフィーリングのようなもの）のアンテナがある。この六つのアンテナすなわち六根は、意識してもしなくても身体の中にある。

†秘密性と美の根元

六根のような「秘密の教え（秘密仏教）」の中に埋もれている美の根元は、密教の理論すなわちそのシステムの解明にある。そのシステムは仏教の六根によって生み出される。もう少し広げて六根は身体論ともつながる。これまであまり注目しなかった密教美術と感性の内面に光をあてるべきである。

密教と美術は元来は別のものであるが、ここでは一体のものとしてあつかう。また、もっと極端な見方をすれば、あまり光をあてなかった「密教法具《ほうぐ》」や「幡《ばん》＝仏教寺院の荘厳《しょうごん》具《ぐ》として柱などに掛けるもの（布は錦《にしき》を使用した優美なものが多い）」や「法衣《ほうい》（ころも）」にも着目しなおす必要がある。それらをふくめたすべてを総称して「密教アート」という。

これは顕教《けんぎょう》（密教以外の仏教）の仏教美術も含めた密教美術を指すが、これまではその個々の作品に注目して、観賞の対象としてきた。密教アートという考えかたは、東寺（平安京の鎮護寺で「教王護国寺」が正式名称。空海に弘仁一四年（八二三）に勅賜された真言密教の道場）伝来の西院曼荼羅（重文）『両界曼荼羅《りょうかいまんだら》』を模写しているときに思いついた。胎蔵界の最外院の外縁に彩色を入れているときである。そこに赤色の文様のヒドラ状の細密による美しい形が連なっており、「これは何のかたちだろうか」と実に不思議な印象をうけた。モチーフの原型は単純に物が生れる原始の姿かもしれない。この世に存在するすべての形は消え、やがてまた再生するという、その生じたばかりの細胞の原型かもしれないのだ。そのヒドラ状の赤い生々しい、ヒトデに似た形は、やがてはデザインが変り江戸期には牡丹・唐草の文様になる。

「密教アート」は総じて、空海が見つめてやまなかったように、大自然の世界（自分と他の周辺の存在）に素材を得ている。すべてはそこからオブジェ（形）や空間が生じ、広がり生きている。生きていることと自然を、密教という宗教の場で見つめる取り組みを行っている。その方法は密教美術の感性を支配している「修行という技術」によってである。「密教アート」は、それを加持祈禱《かじきとう》により芸術的に高めようとする技術を持っている。その技術をとおして見出すことのできる世界は、広く奥深い「秘密性」を有している。私はその「秘密性」を、密教の中の感性をとおして自分のところにたぐり寄せようとするのである。

†密教と経典

さらに密教美術とお経の関係では、真言・ダラニ（陀羅尼）が経文中に数多くあらわれるので注目している。実は、その文字表現とその意味、つまり悉曇《しったん》・梵字《ぼんじ》が、「密教アート」の範疇に入るのである。それを根拠として、特に密教美術の仏像の胎内銘や胎内物との結びつきを究明する必要がある。中味をのぞくことによって、造像にマッチした作る側と祈る側の美しい気持の交流を感じる。

歴史的にみれば、インド密教は七世紀中ごろにあらわれ、同世紀後半にオリッサなど中インドでその根本経典『大日経』が成立した。そして、それよりややおくれて南インドで出現した『金剛頂経《こんごうちょうきょう》』が続く。近年の調査の成果では、密教は、仏像や仏画のたぐいから推測しえないようなインドのヨーガ学派（理論）やヨーガ行者の学派（実践）等によって育まれてきたとされる。タントラ仏教の美術作品群の存在が、実は「密教アート」の中味を探ったり考えたりする手がかり、つまりその重要な素材ともつながる。この素材の探求は、われわれが奈良の寺院を訪ねて、人間とは何か、仏教とは何か、という人が生きることの根元的な意味を考えるのと似ている。

和辻哲郎や白洲正子も多分この部分を考えていたに違いないが、それ以上の密教美術とのつながり・形態との関係については手をつけなかったのではないか。密教ないし密教アートの概念というと幅がひろいために、凝縮された密教の内部、その中味にまではふみ込まなかったようだ。

その理由はいろいろあると考えられるが、密教は一言でいうと「秘密の世界」であるという先入観、観念が大きな壁になったのではなかろうか。つまり「実際に見えない」ということだ。たとえ色と形があっても真相は見えない。それは密教独得の修行をしてみないとつかめないのではないか、というのが本音のようだ。

私自身も「お不動さんの目は、なぜあんなギョロッとした恐い顔をしているのだろうか」と思っていたが、修行をするまでは、それをはっきりとした疑問にまで結びつけることがなかった。恐い顔に見えた理由は簡単だ。不動を見る自分自身の中に、時と場合によって恐い一面が内に秘められているからだ。よく考えると人間ぐらい恐ろしい存在はないのだから。

†現世利益と密教

私は昔、その恐ろしい顔を描こうと思って四国遍路の『馬頭観音守護札』(宝暦四年〔一七五四〕)を模写したことがある。牛にまたがり頭上に馬頭をのせた観音坐像が、ユーモラスな姿とはうらはらに恐ろしい顔をしている。昔はお遍路さんも馬を引いて一緒に札所を歩いたそうだ。やがて夜になり道も暗くなってしまった。パッとうしろをふり返ると馬頭観音が乗っていて恐ろしい顔でお遍路さんをにらみつけたという。そして、ずっと一緒にいた最愛の馬がどうしたことか行き倒れて死んでしまったのである。お遍路さんは、たいへん悲しんだ。やさしい人だったとみえて、後に馬の供養守護札をつくった。それがこの守護札である。

密教アートには、お守り、守護札、千社札のおみくじ、絵図、案内図、仏閣に貼るものなどサブカルチャーに属するものも多い。なぜこれが密教アートなのか、という疑問がないわけではないが、私の考えはこうだ。

密教は現世利益を目的の一つとする。したがってこの世で生きているときは、息災《そくさい》（災いがなく、幸福である）を追求する。美術作品もその息災につながるようにつくられ、精神も肉体も修行によって、つねに安楽を祈るというところにたどりつく。またお守りも自分だけではなく、より多くの人々の災いが無いように、自ら他を救うために、強い身体をつくる努力をする。したがって密教アートの「お守り」は、それにふさわしいようにすべてに他を想う心をもってデザインされている。

たとえばお不動さんも赤、青、黄色の三不動がある。三色は大日如来の三輪身《さんりんじん》のシンボルで、誰もがもっている色だ。むろん赤色は、対外的には魔物をよせつけないという「火」の不思議な力の働きを内蔵する。

また「千社札」は神や仏に奉納する意味と参拝の証として作られている。ここには奉納する人たちの生命の中に潜む運命の動向が意識されている。札文字《ふだ》という太い書体の貼り札は、巡礼地の密教寺院に数多くみられる。すべての札は神や仏の力にあやかり、力をかりようとする。千社札を密教アートと言いきる理由は、神や仏と密接かつ強力に、切っても切れない縁と信じて人の命をつなげようとする、という明解な証を、紙片に託して神社・仏閣の建物に直接、貼りつけるものだからだ。そしてそれに向って真言・ダラニの声を出して祈願をとなえる。

密教アートは、両界曼荼羅に仏像がたくさん描かれており、全体の構造や仕組みとしては解るが、究極の中心となる大日如来がなかなか理解しがたいと考える人も多い。おそらく平安時代の密教関係者も、そういう壁にぶつかっていたに違いない。

ところが彼らは、もう一つの神という礼拝対象を再認識しはじめたのである。それが中世の密教に強い影響を与えた「神仏習合」の存在である。これは真言・天台両密教に強い刺激を与えた。その母体、神道では、鎌倉期になって男神女神両像が暗い所から明るい所に進出して、やがて多くの神を生じて宇宙の支配を意識しはじめる。密教美術は陰陽道もとり込みながら不思議な空間を提示するようになり、「たしかに密教のお寺は、どこか違う」というふうに映ることになる。他の宗教美術とは一味違うその未知の世界には、大日如来という宇宙の大きな存在・主役がひそんでいる。いうまでもなく、これが実はもう一つの釈迦如来の姿なのである。

†薬師如来に秘められた親子遍路と「十一面観音像」

ところで私は平成一六年まで、徳島と東京を行き来する生活が長かった。奈良国立文化財研究所と横浜の神奈川県立金沢文庫と合わせて三五年ほど、古典の仏画制作と仏教美術を研究してきた。その間に真言密教の大きな両界曼荼羅を三件描いた。いずれも大幅で、最初のものは、奈良の奥にある岩船寺《がんせんじ》（京都府）に、二つ目は四国八十八ヶ所の第六番札所の安楽寺《あんらく》の灌頂堂《かんじょうどう》に、そして三つ目は六年の歳月をかけて描いた「金剛界八十一尊大曼荼羅」一幅を東京・世田谷の等々力《とどろき》にある満願寺に納めた。

とくに三つ目は弘法大師空海の『請来目録《しょうらいもくろく》』に記載されているが、真言宗寺院には例がなく真言の密教寺院では唯一の所蔵品となる。それを満願寺住職の阿部龍文大僧正に頼まれて着手したものである。これが東京在住の私の仕事では最後になった。その後は四国・徳島の自坊（大日寺）に帰山した。ところがここで大きな仕事がまっていた。「遍路と仏画制作」である。

この自坊には薬師堂がある。今から四〇年ほど前に改装したので外観からは昔の面影はない。が、以前、中は土間だった。堂内にはたてよこ半畳ほどの分厚い藁筵《むしろ》が三十枚ほど敷かれていたと記憶している。たしか中学一年生の夏休みのころ、その筵を外に出してよく干した。午前中に表、午後はそれを裏返すといった具合である。筵は一枚がけっこう重く体力を要した。当時、祖父真鍋戒善《かいぜん》（声明家）が住職をしていた関係で、私にとってはこの筵干しが自坊での初仕事だったことになる。

そのころ、八十八ヶ所札所には今でいうハンセン病の患者さんが遍路となって多勢来ていた。彼らが白装束（おいずる姿）で集団でおまいりしているようすは、冬など寒々とした山々の中で異様な光景を呈していた。彼らは本堂の前でただ手を合わせてダマッテ祈るという単純な動作をくり返していた。それは当時の私の目には何かもの悲しく映り、悲哀《ひあい》のようなものを感じた。たしかに遍路だから四番大日寺の次は五番・六番と順に廻って行くのだろうが、八十八ヶ所が終ったらいったい何処に行くのだろうか、と彼らのゆく末のことを案じてしまった。

そんなことを考えているうちに暑い夏がやってきた。私は相変らず毎日筵干しに追われていた。ある日の夕方に、顔や上半身を包帯でグルグル巻きにした親子連れのお遍路さんがやってきた。腕のガーゼには血の染みがいたるところにあり、汚れていた。そして二人とも身体から饐《す》えたようなきついにおいがした。まさに病人そのものが歩いている。子供さんは女の子で小学校三、四年に見えた。お父さんは腕に輪袈裟《わげさ》をかけ背中に大きな荷物を背負っていた。あちこち長旅をしてようやく四国にたどりついた感じである。

祖父の戒善が「早《はよ》う、お堂に案内してあげんか」と言ったので、私は二人を筵の敷いてある薬師堂に連れていった。中学生の私はとくに父からたびたび「ハンセン病の人たちがお遍路によく来る」と聞かされていた。薬師堂に安置されていた厨子の扉を開け、その親子にはお薬師さんがよく見えるようにしてあげた。

薬師如来は衆生《しゆじよう》の病苦から救ってくださる仏さまである。すると父親は重ねてあった筵を子供の前にひろげ、子供と一緒に座った。子供は少し不自由な足をよじりながら座り、小さな手を合わせた。「南無大師遍照金剛」。二人は小さな声で御宝号《ごほうごう》をとなえはじめた。居宅の台所にもどると、祖父が薬缶《やかん》に寺の清水を汲んでコップと一緒に「これをもっていって、おあげ」と私に預けた。薬師堂に引き返すと親子は合掌したままお薬師を一生懸命拝んでいた。堂内には、机があり、そこにお地蔵さん、観音さんとお薬師さんとお釈迦さんの四枚の点字で表現された姿・かたちが手でなぞることのできる真白な台紙が置かれていた。二人は右手で台紙をていねいになぞるように追っていた。私は今でも小さな指でお地蔵さんの姿をなぞる、この子のことを思い出す。今ごろどうしているだろう、涙がでてしまう。台紙に描かれた線描きの仏さんをなぞる指が、仏さんのお顔や条帛《じようはく》の衣裳のところに下りると、この子はなんともいえない笑みをうかべてニッコリした。小さいながらも身も心もすべてあずけて、まるで仏さんの中に入ってゆくような感じである。私は子供さんが、その台紙を手にとって、はじめて目が見えないことを知ったのである。

当時はまだハンセン病の人たちは、いわれのない差別をうけていた。祖父の話によると村の旅館も泊めてくれないから、お寺のお堂だけが受け入れてくれる場所だったという。旅の途中ではこの病気は伝染するからという理由だけで、彼らは石を投げられ、「そばへ寄るな」、などと怒鳴られて追い払われたという。ハンセン病の小さい子供たちは、いつものことと歯をくいしばって道中をたえしのびながらお寺へたどりつくのだ。私もそんなむごい光景を何度も見たが、ともかく早く私のお寺へ来てくれればいいな、と祖父や祖母たちと迎え入れる準備に明けくれた。「これが布施行《ふせぎよう》（他人に無条件でほどこす）なんだ」と祖父は常々よく言っていた。そして古びた木製のたらいに温かいお湯を入れて、足湯をたびたび行っていた。祖母は、「ゆっくり温まりや」といってハンセン病のお遍路さんを大人も子供も区別なく大切にもてなした。

私はそのころはこれがごくあたりまえの務めだと思っていたが、最近になって祖父も祖母も皆のいやがる、尊いことをやっていたんだな、とつくづく思うようになった。ハンセン病の人たちは、その日私がお世話をして、翌朝、二人のようすを薬師堂に見にいったが、もう姿は見えなかった。それから後、彼らが夜の暗いうちに移動することを知った。私の大日寺も裏山の大山寺へ登る山道があるが、その道を経て山寺へ移動するルートを選んでいる。ところで祖母は若いとき長唄の三味線方を大阪でやっており、養女と杵屋の屋号で活動していたという。祖父戒善は真言宗南山進流の声明家であったが、祖母は大日寺へ入り、その布施《ふせ》行を文句もいわずに手伝っていた姿を思い出す。

何年か後、祖父に「あの人たちはどうしているだろう」と聞いたことがあった。祖父は「土佐(高知県)の金剛頂寺の和尚さんによると亡くなったそうだ、『四番さんでお世話になった』とお礼を言っていたらしい」と答えた。私は涙が止まらなかった。それから四五年たち、私はこの親子を供養するために一幅の「十一面千手観音菩薩像」を描いた。この仏画にはそんなうら悲しい思い出が込められている。それから何年たっただろうか。ある日、まったく同じ姿をした白装束の親子がやってきた。あのときの再来かと思ったがまったく違う人たちだった。そんな光景が、当時はまだ二、三年は続いたように思う。

第一部

密教アートの世界

基礎知識

大日如来（曼荼羅、部分）

1 曼荼羅入門

数十年前から密教がブームだといわれるようになって久しい。

日本の密教は開祖である空海（七七四―八三五）以来、秘密の儀式と曼荼羅を広大な宇宙生命の中ではぐくみながら、限りない再生を繰り返してきた。いうなれば、日本文化の地下水的存在である。その密教が、戦後になって、浄土教、禅ブームにつづいて、一般社会の表層に浮上したわけである。

密教はたしかにブームにのり、最近では風俗としても若者文化の一角にも食いこむまでになった。が、一方で、密教とは何か、曼荼羅とは何か、という根源的な問いもますます多くなっているのは事実である。

また、文化現象という視点でみた場合、密教に登場する主役たちは、たしかに派手で人目を惹く。ただ密教とか、妖怪とか、そういう秘密の世界の主人公たちの大部分は、人知では解明しきれない奇怪な様相を呈しているというイメージはぬぐえない。このイメージは、受け手の側が何か奇怪なもの、異様なものを欲している証拠でもある。密教はしたがって、一つ間違えばサブカルチャーの一面が強調され、誤解にみちたレッテルを張られかねない。これが問題であるが、また一方で「密教アート」を面白くさせている根拠にもなっている。

†説明できない空白の部分

ところで司馬遼太郎さんが空海と密教をテーマにした『空海の風景』を刊行されたのは、一九七五年のことである。時代に一歩も二歩も先んじた感のあるこの大作で興味ぶかいのは、作者自身が、真言宗の智山派の高僧・坂井栄信《えいしん》さんに、二五年の年月をおいて二度も、繰り返し、長安で空海が受けた灌頂《かんじょう》とはどういうものだったか、問いただすくだりである。坂井さんは、二五年前も、二五年後も変わらず、「それは元来、秘密ですから、内容はよくわかりません」と答えたという。

たしかに密教には、坂井さんが言うような、絶対に説明してはならないというか、説明できない秘密の部分があるように思う。なぜか加行《けぎょう》（密教の行）の経験がなければ、わからない壁にぶちあたるのである。その説明できない空白の部分こそが、つまり曼荼羅なのである。といっても加行や曼荼羅をもってすべて解答できるかというと決してそうではない。あくまでも私の考えにすぎない。そこでこの部分にもう少し詳しくふれておきたい。つまり、密教の歴史や空海について、紹介しておこう。

†密教の歴史

密教は大乗《だいじょう》（マハーカーナ＝大きなのりものの意）仏教の一部である。古代インドで紀元前五世紀ごろ、仏陀《ブッダ》シャーカムニ（釈迦牟尼）を開祖とする仏教がおこった。仏教とはその仏陀が説いた教えの意味である。その内容の中心は、戒律を守り「四諦《したい》」という四つの真理の教えに目覚めながら、「八正道《はっしょうどう》」（正しく生き悟りを得るための修道法）の実践を行うというもの。そこから人間のあらゆる苦しみを解放して人々を救うという教え（システム）、さらに一世紀前後には、新たに大乗仏教という新しい教えが登場し、発展した。その一部から七、八世紀ごろにかけてインド密教が形成されてゆく。

密教は、インドからヒマラヤを越えて、シルクロードを通り、中国・長安に伝わった。さらに、もう一つの流れは、ヒマラヤの奥地のチベットに定着し、いわゆるチベット密教が生れた。その流伝は七世紀スロンツェンガンポ王の時代だといわれている。やがてネパールやモンゴルにも伝播、またインド国内では国教ともいうべきヒンドゥー教の強い影響をうけ多神教スタイルをつくりあげる、民間信仰のボン教とも接触してゆく。

日本には、中国に三一歳で入唐《にっとう》した空海（七七四―八三五）が密教を伝えた。延暦二三年（八〇四）八月、長安の青龍寺で恵果阿闍梨《けいかあじゃり》により両部曼荼羅の教義《きょうぎ》（理論）を伝授され、二年後の大同元年（八〇六）に日本に伝えたのである。これが日本における真言密教のはじまりである。

空海は、密教は教えの根本が秘密で深遠な教義だから、絵に描いて示すのだと『請来《しょうらい》目録《もくろく》』で述べている。その絵の代表が曼荼羅である。曼荼羅の画面は密教の「さとり（悟）」の境地をあらわしたものとされる。

これには、「両界《りょうかい》曼荼羅」と「別尊《べつそん》曼荼羅」がある。両界曼荼羅はさらに二種に分かれ、そのうち一つは、本堂の向って東に掛ける「胎蔵界曼荼羅」で、四一〇尊の仏が描かれている。また西に掛ける「金剛界曼荼羅」は一四六〇尊が描かれている。この二つをあわせて両界曼荼羅という。

別尊曼荼羅とは、両界曼荼羅に描かれた仏の中から仏像を選んで、個別に画像に仕立て、主として祈禱《きとう》（いのり）の対象としたものである。

両界曼荼羅にしても別尊曼荼羅にしても、絵は平面に描かれるが、仏像などの彫像は立体である。空海はこれ（平面と立体）を組みあわせ「立体曼荼羅」として再構成し、新しい芸術的な空間をつくりあげた。そして大きな密教寺院においてこの考えを具現した。その一つが山奥の高野山の大塔を中心とする伽藍《がらん》（寺院の集まり）であり、もう一つが京都の東寺講堂内の仏像である。

密教表現の母体としての、この二つの寺院は、「空海と曼荼羅」というキーワードで見直すことができる。一つは大自然の山野の中につくりあげた「自然と人工の融合」であり、もう一つは都市空間の中に五重塔・講堂などの建築物をつくり、その中に二一軀の仏像彫刻を配置して、「三輪身《さんりんじん》」という空海独自のさとりにいたる立体芸術への道すじをつくりあげたことが、特徴である。むろん、これら両者は、一二〇〇年を経た今日なお、現に高野山と京都で生きつづけている。

この平面と立体でつくられた礼拝対象（仏像・仏画等）に向って祈る「行為」、「作法」をふくめて一体のものと考え、ここでは、「密教アート」と呼称することにした。特に密教美術の今までの見方は、作品を寺院や祈りの場から切り離して考えることが多かったように思う。本書では逆に、密教の根幹にある曼荼羅（絵画表現）を、祈り、すなわち修法儀式と一体としてとらえ「密教アート」として新たに再考しなおしたものである。

（註）三輪身とは、仏菩薩が五尊ずつの三つの群像となり衆生教化《しゆじようきようけ》を行うこと。輪身とは東寺の場合、その仏像、五尊ずつのグループの集合をいう。

†四種曼荼羅

空海は自ら中国より請来した曼荼羅を四種に区別する。すなわち、大《だい》曼荼羅（両界曼荼羅＝現図《げんず》曼荼羅、都会《とえ》曼荼羅、部会《ぶえ》曼荼羅ともいう、別尊曼荼羅を個別に選んで写したもの。ほか）、三昧耶《さんまや》曼荼羅（仏の持物《じもつ》や標幟《ひょうしき》などシンボルで表現したもの）、法《ほう》曼荼羅（仏のかわりに種子《しゅじ》、梵字《ぼんじ》で表現したもの）、羯磨《かつま》曼荼羅（「カツマ」とは事業、「はたらき」の意、木像、〔石、銅、鉄等の〕鋳像、塑《そ》像など）である（典拠は、空海著『即身成仏義《そくしんじょうぶつぎ》』による）。

その曼荼羅を理解する糸口として音（真言、呪文）と音楽がある。その音も東アジア全体を見なおしてみると、インド起源から発して、ヒマラヤを越えて、中国・日本と伝わっている。

昔、NHKテレビのシリーズ「シルクロード」で、タイトル・バックをはじめ全体の音楽を作曲した喜多郎さんに、長野県八坂村で会う機会があった。そのとき、氏に「曼荼羅が織りなす宇宙世界のようなスケールの大きい曲を」と、私なりの夢を進言したことがあった。彼にいわせると、シンセサイザーの音色は、すべて曼荼羅に登場する諸仏、諸尊がかなでるコトバなのだという。なるほど諸仏、諸尊のコトバは、シンセサイザーの音色をかりて、見えない迷路をくぐりぬけるようにしてわれわれの心にそっと近づく。彼のLPの傑作『オアシス』（ジャケットのイラストは長岡秀星さん）は、曼荼羅の宇宙的生命観を見事に語りあかしている。

いうまでもなく、われわれはこの宇宙のごく一部分、その限られた空間と時間の中に住んでいる。それだけに、せめて魂だけでもこの世の時空を超越したいと願ってきた。喜多郎さんは曼荼羅を心に思い描きながら音楽的なひらめきによって、現実の言語とそのリズムをコトバとし、シンボルとして、時空の彼方に溶け込み、空海の世界にも入ってゆく。曼荼羅は視覚的な模様だけではなく、色にもなるし、目に見えない音にもなるのだ。

†『十住心論』と諸仏のパンテオン

曼荼羅は見方によっては、きわめて観念的な密教美術の一種であり理論である。しかし、いったん表現の体系を音や香りの世界に解きはなつと、まるで死の世界からよみがえった生きもののように、不思議な暗示を帯びながら自由に大空を飛びまわる。曼荼羅を見つめる者が変身する瞬間が実はここにある。

私はあるセミナーに出席して、渡辺茂さん（東大名誉教授）の提唱するシステム工学の話を聞いた。そこでは、曼荼羅理論と共通するきわめて重要な要素がいくつかあるのを知り、大変おどろいた。渡辺さんの話を聞いていると、空海は在世中にすでに千年後の情報化社会を予想していたのか、とさえ思った。その根拠は空海著『十住心論《じゅうじゅうしんろん》』という書物にある。

空海はその労作において、人間の境地を、凡夫の本能に支配された段階から密教の悟りの境地に至るまで十段階に分け、最後の「秘密荘厳」のすがたを第十住心と名づけた。

この秘密荘厳とは、別の見方をすれば密教の曼荼羅の世界である。そこでは絶対者であると同時に宇宙の主役である法身《ほっしん》大日如来を中心にして、無数の仏、菩薩、神々がパンテオン（神殿）を形成する。しかもこのパンテオンはコンピュータのように正確なシステムと無限の生命力をそなえており、われわれの体内に、意識を超越する形で潜んでいる。したがって、そこから光のように発せられる信号系――すべての行為、その動き働く行為――は宇宙的生命に根ざしたものである。

パンテオンに参入する者は、その信号系を受信することで、身体（身《しん》）、言葉（口《く》）、心（意《い》）の三つ（三密《さんみつ》）が強力に作動する全人格的な形態を得、この形態を通して宇宙的生命と自己を合一させるのである。これを大曼荼羅という。大曼荼羅は宇宙そのもの、宇宙全体といえる。その宇宙の個々の活動を表すのが羯磨《かつま》曼荼羅、法《ほう》曼荼羅、三昧耶《さんまや》曼荼羅の三つの曼荼羅で、それぞれ身体、言葉、心を表現する。

さらに空海は、森羅万象すべてが「六大体大《ろくだいたいだい》」の所成《しょじょう》の世界であると説く。六大とは、地、水、火、風、空、識《しき》で、空海はこの六つの要素が宇宙の本質（本体）を構成していると分析した。

しかしこのシンボリズムの体系だけでは、必ずしも宇宙の本質を十分に説明しえない。そこで色による表現の説明も試みられた。

曼荼羅などの造形では、黄、白、赤、黒、青の各彩色が地から空にいたる五大に相当し、それらは常に活動し生きている、と説明する。つまり色はわれわれの目の中で生きているのだ。われわれはこの色彩から空間に実在すると思われる目に見えない不思議な力を得る。

私は密教の目に見えない力（エネルギー）は、科学万能ともいえる現代においてもなお、その価値観において十分な説得力を持つものだと思う。しかも密教の力を最高度にひき出すことは、この世（現世《げんぜ》）を曼荼羅とみることによってのみ可能なのである。

†理と智は表裏一体の関係

曼荼羅は、密教の法具の中心で仏画のジャンルに入るが、元来、日本でつくられたものではなく、空海が中国から経典などと共に持ち帰った請来品である。漢文で「曼荼羅」「曼陀羅」などと音訳し、用途と目的によって分類すると、先にのべたとおり、大きく両界曼荼羅と別尊曼荼羅に分けられる。

　両界曼荼羅は、いずれも大幅（縦、横一メートルから五メートル余）で、金堂あるいは灌《かん》頂堂《じょうどう》という比較的大きい建物の内部（内陣《ないじん》）に安置される。今日では真言宗の寺院なら、どんな小さなところでも曼荼羅の一、二本は必ず常備しているのが通例である。

　正面に向って右、東側に掛けるのを胎蔵界（正しくは「胎蔵」）曼荼羅という。これは女性的原理にもとづく理《り》の世界、あるいは物質的な世界観をあらわす。

　同じく西側に掛けるのを金剛界曼荼羅といい、男性的原理にもとづく智《ち》の世界、あるいは精神的な世界観をあらわす。世界観とは胎蔵界と金剛界（胎金《たいこん》あるいは金胎《こんたい》両部と略称する）のことであり、すなわち「さとりの境地」をあらわす。

　むろん両者にそえる壇は、各々別々に設けられており、金堂全体の構想としては両方の真ん中に不二《ふに》壇《だん》（二つのはたらきをとりもつ・仲介の役割）を配置する。そしてこの中央の仲だちによって、東の理のはたらき（慈悲を育む）と西の智のはたらき（考える・工夫する・知恵・思考）は、もともと「一つ」（二而不二《ににふに》）と組みたてて説明するのである。考えてみれば、この世のあらゆる存在には、異なる二つの対立概念が働き合っており、その片方だけの単独では成りたたないし機能しない。理と智の各々を一つとして機能させるのである。曼荼羅の両界すなわち「理と智」も、その徳（はたらき）において、実際は表裏一体の関係にある。

人間がこの世に生きながら仏になれると説く密教の最高のさとりの境地、つまり即身成仏も、この金胎両部が融合しあうことによって可能になるのだ。その意味において両界曼荼羅は絶対的なものである。

胎蔵界と金剛界の画面は、えもいえぬ深い調和にみち、美しく均衡のとれた世界をつくり出している。その超絶的な美しさは、いってみれば、人間（男と女）の健康な肉体に宿る美しさにも似ている。さらにいえば、人間の身体ばかりではなく、生きとし生ける「もの」すべてを曼荼羅と見たてるから、人間が単独では生きることはできないことを物語っている。人間はこの宇宙の中で森林のある風景、緑の木々や草花と共に生きることで、人生は可能で理想なものになる。

†胎蔵界と金剛界の構造

胎蔵界曼荼羅は『大日経』に説かれたもので、画面は十二大院と呼ばれる一二のグループから構成されている。仏像は曼荼羅内に合計四一〇尊を描いている。

その構成は次の通りである。

①中台八葉院《ちゅうだいはちようういん》は、画面の中央にあり、中心は蓮台の上に大日如来を大きく描く。八葉の赤い蓮華の花びらの上には、四方四仏と四隅に四菩薩を配置している。ベースになっている八葉の蓮弁は古代インドの医学書によると八弁の肉団心《にくだんしん》とよばれ、誰でももっている心臓をあらわしている。そのように衆生（誰でも）が現実のこの世において仏の世界におきかえられるような舞台である。その八方に広がる八弁は、周辺の十一院に血を通わせる出発点である。ここの目的は力が働きあい、引っ張りあう加持感応《かじかんのう》の宗教的な覚醒をうる場所である。

②遍智院《へんちいん》（仏母院）は、中央のすぐ上にあり、大日如来が生き仏であるならば、その頭脳ともいうべき、智恵を活用させるところである。ここには遍智印とよぶ三角形と「まんじ」（卍）のシンボルが表現されている。このシンボルは理性をあらわし人間の認識能力を内に秘めている。

③蓮華部院《れんげぶいん》（観音院）は、観音菩薩のグループで、遍智院まで築きあげてきた頭脳的な智恵を感性の方面から慈悲によって高めてゆく場所。

④金剛部院《こんごうぶいん》（薩埵院）は観音院に対し知性の方面からさらにはぐくみ、迷いを断ち、すぐれた智恵を働かせるコントロールの部門。

⑤五大院《ごだいいん》（持明院）は観音と金剛部の大悲および智恵を統一する働きをもつ。不動明王

胎蔵界曼荼羅

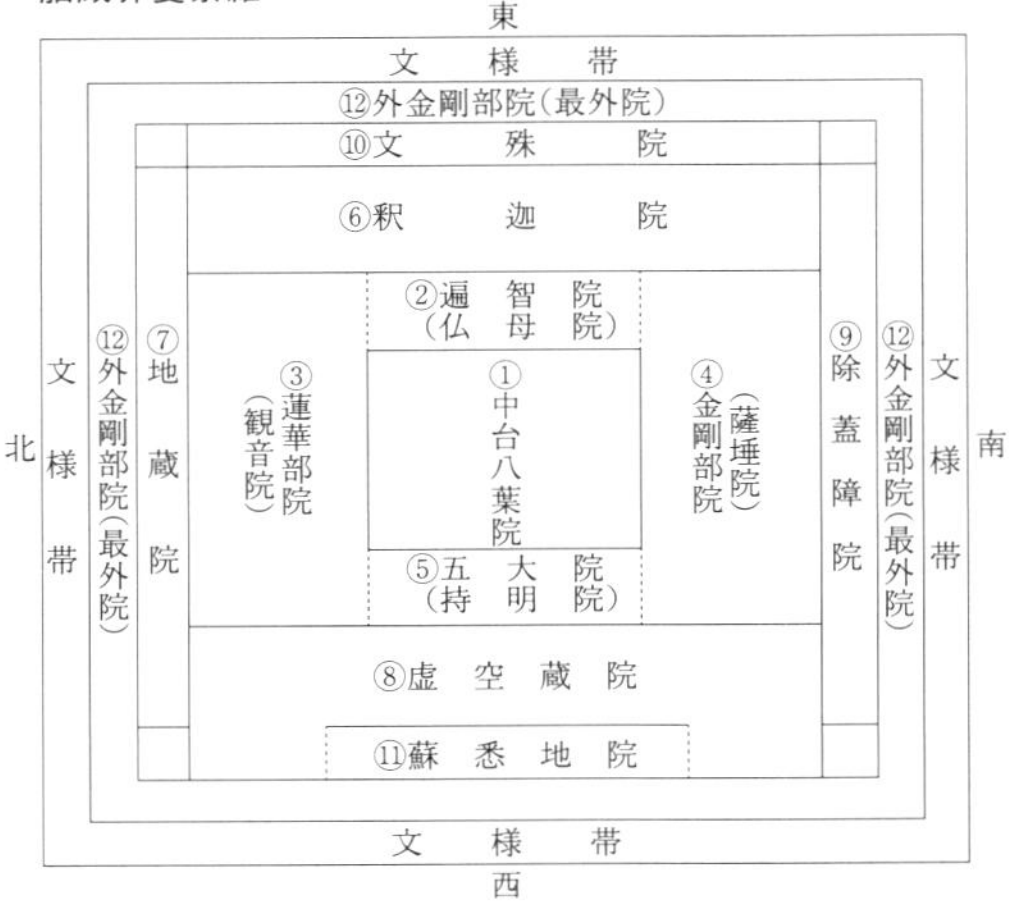

金剛界曼荼羅

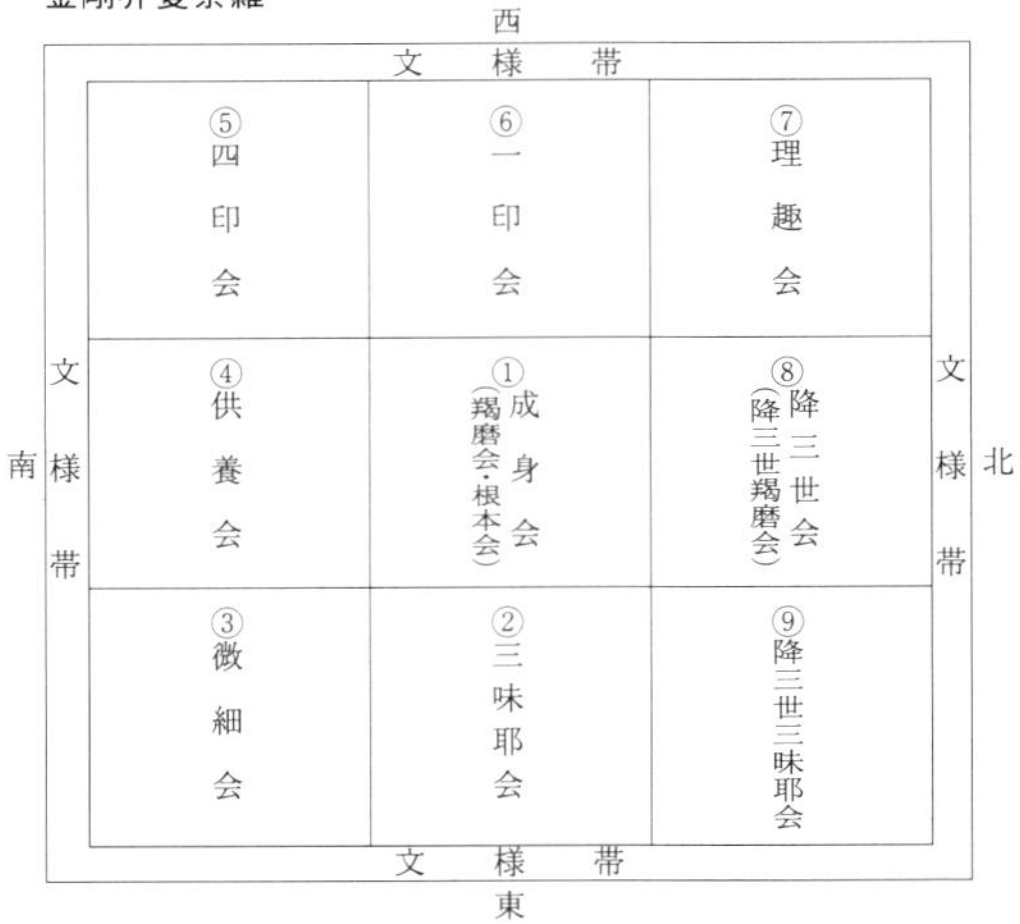

をはじめ五大尊の呪文（ダラニ）をとなえて実際に苦しい修行をする。

⑥釈迦院《しゃかいん》は、大日如来の変化した姿として釈迦如来が登場、仮の主役として法を説いてゆく。

⑦地蔵院《じぞういん》は、観音院の左隣にあり、その機能も大いに関連する。つまり観音の慈悲に徹して、身を六道《ろくどう》（地獄・餓鬼・畜生・修羅・人間・天上）におき、迷う人々を救済する役割をはたす。

⑧虚空蔵院《こくうぞういん》は、虚空蔵菩薩の福徳（幸福と利益）の願いを実現する世界。

⑨除蓋障院《じょがいしょういん》は、金剛部院の右隣にあり、煩悩をとりのぞく作用をもつ。

⑩文殊院《もんじゅいん》は、文殊菩薩の智恵をあらわし、人間における認識作用をさらに高いレベルにまで仕上げてゆく。

⑪蘇悉地院《そしつじいん》は、虚空蔵院の下にあり、人間を「さとり」の境地に案内するパイロットの役目をする。

⑫外金剛部院《げこんごうぶいん》は、最外院《さいげいん》ともいい、ここでは六道の輪廻（うつり変わっても永久に滅びない）のすべての姿・状況がうつし出されている。これと中心にある完成された大日如来とは価値観において終局的に等しいということを説明し示唆する場面を描く。

次に金剛界曼荼羅は、『金剛頂経』所説のもので、画面を九会《くえ》とよび、九つに区画されたグループから構成されている。仏像と三昧耶形《さんまやぎよう》によるシンボルを合計一四六〇尊描いている。胎蔵より画面・構図は整然と区分されシンプルな感じがする。以下、九つのセクションを曼荼羅を観想する順に見てゆくことにする。

①成身会《じょうしんね》は羯磨会《かつまえ》ともいい、すべて（この世）の活動の中心となる。主役はたて・よこに描かれた相互供養の仏など三七尊で構成。

②三昧耶会《さんまやえ》は、宝塔や金剛杵《こんごうしょ》など仏のシンボルのみで表現し、人間と仏が交感することを教える場所。

③微細会《みさいえ》は、仏を金剛杵の中に描き、人間が瞑想しながら曼荼羅の内部に入ってゆくことを示す。

④供養会《くようえ》は、大日如来と四方の仏たちと相互供養するようすを描き、その意義を教える。

⑤四印会《しいんね》および⑥一印会《いちいんね》は、四方四仏が、一体であることを示しながら、即身成仏を目ざす。

⑦理趣会《りしゅえ》、⑧降三世《ごうざんぜ》羯磨会、⑨降三世三昧耶会は、欲だとか愛だとかの感情をむしろ生かして、煩悩をおさえ、逆に「煩悩即菩提《ぼんのうそくぼだい》」の境地に到達して、密教の如来という理想の

仏身を完成する。

†土壇の上に描かれた曼荼羅

以上のような二つ（胎蔵界と金剛界）の基本的なイメージを図解化してみると、円形または方形に区画された場所、あるいは空間を想定することが可能である。もちろんこの二つの区画の内部は大日如来の領域で絶対的な境地をあらわす。

この基本図形のうち、円形を胎蔵界の概念あるいは要素とみなす。また方形を金剛界の概念あるいは要素とみなす。つまりこの互いに異なる概念をもつ胎蔵界と金剛界のそれぞれの小世界が、複雑な理論を展開して、シンボルや図像を表現しながら両界曼荼羅という宇宙をはぐくむような大きな舞台を完成させるのである。

胎蔵界は、その中に円形をシンボル化することで明らかなように、大日如来の仏性（菩提心）を大切に保管（内蔵）している。この仏性を引き出すための保管庫の鍵は誰でも平等にもっている。生涯において、この鍵を使う人もいれば、まったく使わない人もいる。

さらに胎蔵界を表現するためのテキストは、七世紀の後半西インド（あるいは中インド）で成立したという『大日経』である。このお経に関連した儀軌（規則を書いたテキスト）を読むと、インドでは、七日かかって土の壇を築き、その上に諸尊の曼荼羅を描く原初的な作法がのべてある。これを作壇《さだん》という。

作壇は家屋の建築に由来し、七日間行うので七日作壇ともいう。なお儀式が終ったら、この曼荼羅はただちに土をくずし、壊してしまう。

この作壇の方法は、今日のインドでは作法としては残っているが、古い時代の土による曼荼羅はもちろん残っていない。

この曼荼羅は近くで見ていると色の美しさに目をうばわれてしまうが、数メートル離れて見ると、何か宇宙のはてから地球を遠望しているような錯覚におちいる。したがって曼荼羅は一つの宗教芸術あるいは作品として見た場合は、抽象的に見えてしまう。しかし、密教の法具として見た場合は、曼荼羅と自分自身との間に「すがた」「かたち」を超越した秘密のこころを認識することが可能なのである。それをもう少しつきつめていうと、曼荼羅の世界観を映像化する上で、究極の「すがた」、「かたち」は表現の手段にすぎないということであり、描線や彩色は、さらにその入り口にすぎない。いうならば曼荼羅における「線」は輪郭であり、「色」はアクション（この場合、配置あるいはそれにともなうシンボル）にすぎない。

†行によって曼荼羅に近づく

わが国の密教の阿闍梨は、かくして曼荼羅に近づく方法を定められたテキスト（儀軌など）にそって観想（坐禅を組んで瞑想）することを繰り返してゆくのである。しかし、この観想ということばほど抽象的でつかみにくいものはない。

私はかつて金山穆韶師《かなやまぼくしよう》（一八七六—一九五八）に、大正一三年におさめられた大龍寺（阿波・徳島二十一番札所）での求聞持法の苦行のようすを聞かされ、伝授（実修・作法）も受けた。師はそのとき、真言密教と曼荼羅というものを考える場合、絶対にさけて通れないのが、観想の中で「観念《かんねん》すること」だといわれた。真言密教でいう「観念する」とは、瞑想によって、仏が体内に取りいれられ、心と同化することである。自分の身体の中に「これだ」「こういうものが観念のあかしだ」と言いきるためには、何十日、何百日もかけて一つのものに対面し瞑想を繰り返すというのだ。私自身曼荼羅の世界に近づくことは可能であると信じているが、それをいまだに実感として言葉でいい表すことができないでいる。曼荼羅は未知の映像なのかとも思う。

†内からと外からの二つの入りかた

ただ金剛界曼荼羅を見るときの伝統的な解釈として「九会曼荼羅」の九つの区画を外から入って内へ向うか、内から入って外へ向って到達するか、四五頁の図のように二通りの瞑想の順序がある。もちろん、これを実践（瞑想法）して曼荼羅の世界を知ることになるのであるが、これを実践可能にするには四度《しど》加行《けぎょう》という修行を十分につまなければ、その方法も具体化することができない。

「外から内へ」というのは、従因至果《じゅういんしか》という観想の順序をいう。図のように外から上へのぼり左回りに展開して内へ入り、中心に到達することである。空海の『性霊集』の「遊山慕仙詩」に「崑崙《こんろん》は右方の廡《ぶ》、蓬莱《ほうらい》は左辺の廂《そう》」とあり、この二つの対立概念は人間の身体をとおして、宇宙をも見ている。崑崙山は西の龍脈の出発点であり、蓬莱は不老長寿に行きつくとされる。四度加行で、私は体内をかりて、気の出入の理屈を学んだ。体内の場はとうぜん曼荼羅を指している。

「内から外へ」というのは、従果向因《じゅうかこういん》という。同じく観想を行いながら、中心から右回りに外へ抜け出ることである。

この「入る」ことと「出る」ことは、密教の求法《ぐほう》（法を求めること）の根本にふれることで、その意味するところは、次の引用文によって理解につながろう。

「自心に菩提心を発し、即心に万行を具し、心の正等覚《しょうとうかく》を見、心の大涅槃《ねはん》を証し、心の方便を発起し、心の仏国を厳浄《ごんじょう》し、因より果に至るまで、皆無所住《むしょじゅう》をもってあたかもその心に住す」（『大日経疏』巻一）

これによって明らかなように、「外から」入る方法と「内から」出る方法の両方を組み合わせることで、もう一つ別の平面と空間を想定した悟りの世界を一つの画面として認知する。同時に観想の追究力も高めることができる。曼荼羅をこの両手におさめるためには、いかに健康で精神的なバランス（調和）が大切か、その必要性がわかる。

要するに曼荼羅は、法身《ほっしん》大日如来のイデアの世界（自性《じしょう》曼荼羅）であり、われわれ人間からみれば、己《おの》れ自身の小宇宙ミクロ・コスモス（観想の曼荼羅）であり、現象のシェーマ（形像曼荼羅）というイメージでなりたっている深遠な世界である。

真言密教には両界曼荼羅の他に多種多様な別尊曼荼羅がある。それぞれ掛軸になっているものを眼前にかけ、前方に壇をもうけて主として別尊法の修法を行う。その儀式には、

従因至果

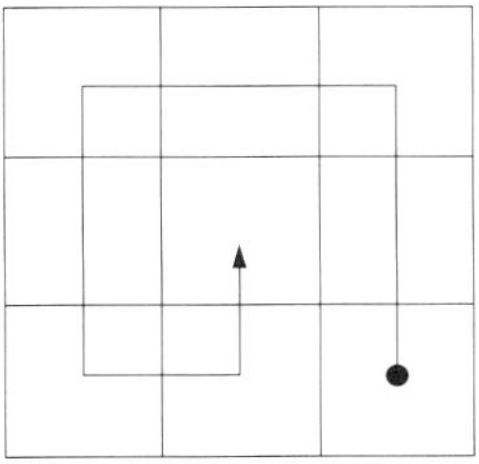

従果向因

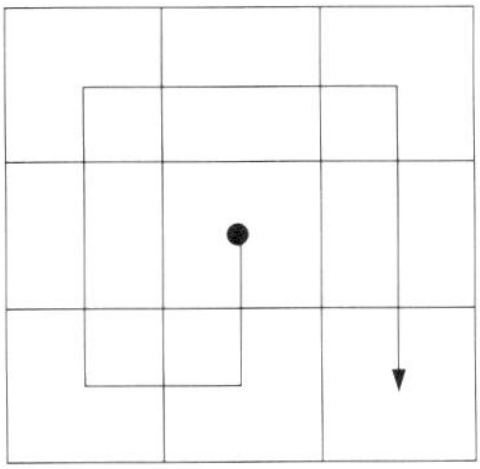

方位、所作、法具それに声明などの音楽がともなう。儀式を行う内陣の空間には、音声と香と目から入る別尊曼荼羅の五彩けんらんな平面の世界「彩色（いろ）」の融合の美しさが組み込まれるのである。この曼荼羅に修法の演出が加味されて儀式の荘厳なさまにわが国の古代の人々は、おがむ側でもその多くが陶酔したに違いない。おそらく密教でいう修行者もまた、そのような境地と同様にそうした曼荼羅の空間の中に入ることになる。それは、色彩の中に、音声の中に、所作・動作の中に、さらには、においの中にも自分自身が入りこむのである。そう、曼荼羅の主役、大日如来は、音を聞くことによって、声を聞くことによって、動きを見ることによって、そこに参加した職衆《しきしゅう》の各々の目の前に現れる。その出現のようすは、つとに皆が体験したに違いない。つまり、このことは空海自身が実践し成就した証にほかならない。「弘法大師行状絵詞」（絵伝）の中で「八宗輪《はっそうりん》大日如来」像となりミラクルすなわち奇跡的な場面（変身）として描かれている。

2　別尊曼荼羅

これまでにも述べたとおり、密教では曼荼羅は二つに分ける。①両界曼荼羅（空海請来の系統で常用の現行の多くは現図曼荼羅という）と、②別尊曼荼羅である。

①は若干の尊の入れ替りはあるが、基本的には一種類である。

②は、平安末期に真言宗の高僧として有名な事相家・絵仏師興然《こうねん》（一一二〇―一二〇三）が『曼荼羅集』三巻の中で、四四種の別尊曼荼羅を挙げている。別尊曼荼羅は時代が降るにしたがって、加持祈禱の繁栄とともに民衆の欲求を反映して、絵師・施主・祈願者の工夫をベースに意楽《いぎょう》の新しいタイプの画像も生じた。また、神仏習合も反映して、神道曼荼羅として新たな境地を展開することになる。この体系、種類は八〇種を超える。

また神と仏が結びついた曼荼羅の神仏習合思想となると、奈良時代にまず、その源流を遡らなければならない。またその曼荼羅の素形にかかわる複雑な萌芽の部分でも天台・真言の系統では少しずつ違う。真言の場合は、「修法と曼荼羅」という視点では九世紀になって空海（七七四―八三五）によって整えられてゆくが、天台の場合は空海より後に円仁（七九四―八六四）、円珍（八一四―八九一）によって展開されてゆく。一つだけ例をあげれば、構図として比叡山延暦寺の守護神をまつる「かたち」をもつ山王七社の垂迹《すいじゃく》曼荼羅は、大部分の画面の半分以上を占める風景に神が降りる仕組みを描いている。これを山王曼荼羅というが、実にドラマチックである。このドラマに視点をおくと真言系・天台系ともに神仏習合の面白い舞台装置の数々を見ることができる。そこから神仏習合を軸とした「神と仏」の融合した日本独得の「曼荼羅の世界」が密教アートの主要なテーマとして考えられる。

密教アートの中心をなす仏像の多くは、密教曼荼羅の「別尊曼荼羅」におさめられている。その美しい細密画は、図像とともに形と彩色を詳しく知ることができる。

「別尊」という呼びかたは、両界曼荼羅に対する区分けの呼称で、それぞれ深い意味をもっている。その意味は図像を含んだ平安―鎌倉および江戸期に書かれた「儀軌」によって知ることができる。主な「儀軌」に、心覚《しんかく》編著『別尊雑記』五十七巻、恵什《えじゅう》ほか著『図像《ずぞう》鈔《しょう》』十巻、覚禅《かくぜん》著『覚禅鈔』百巻、小川承澄《しょうちょう》撰述『阿娑縛抄《あさばしょう》』百二十八巻などがある。描かれている個別の仏さんの多くは、両界曼荼羅から選出されたものである。重要なことは、別尊曼荼羅から独立して本尊となり、加持祈禱の祈りの対象とされてきたことである。この祈りの根源を仏像や絵画等とともに見つめてみたい。

僧（阿闍梨《あじゃり》）の側からと同時に信徒の側からも共に「祈り」をとおして共有できるのが密教アートの心である。もちろん昔と違って、今ではその曼荼羅がおかれているお寺でも、なかなか現物を見ることができない。また信者でない人は、これらの礼拝対象を専門書をとおして見る機会が多い。でも、そういう人でさえも「これは何が描かれているのだろうか」などと絵の中味を知りたくなる。絵が掛けられている場所と祈りの寺院空間（舞台装置）はつねに一体である。密教絵画・図像は、寺院の中にあってさらに存在の意味が深まる。それに祈禱の儀式がともなえばなおさらである。以上は密教絵画の作画が成りたつ根拠である。これとは別に実践的な理論的根拠も必要である。

密教曼荼羅をふくむ絵画は、密教アートの主役である。その思想的な実教の区分から、空海は、この曼荼羅に明確に四つの分類を定めている。それが「四種曼荼羅」である。いわく大曼荼羅、三昧耶曼荼羅、法曼荼羅（梵字《ぼんじ》あるいは種字《しゅじ》曼荼羅）、羯磨《かつま》曼荼羅であり、『大日経』の所説に対応している。空海は絵画的な構想によってここに四つの宇宙をつつみこんだ、スケールの大きな「さとりの証」ともいうべき体系を発見した。これはすべてを包括するシステムで、人が大日如来となったさとりの境地を軸とする。それが高野山の参拝や四国遍路として現代も生きつづけている。

この主張を平面の図像（密教図像）と立体（彫像・彫刻表現）に置きかえて、仏画作家として境地の表現を試みると、その表現の範囲を特定できるように思う。仏の顔に着目すると、それは目（両眼）にある。カッと開いた迫真的な表現をとる目は、醍醐寺の図像、東寺の図像等に見出すことができる。すべては顔相の描写と彫り方に独自の境地の追求がみられる。醍醐寺の平面的な図像類、五大明王（慶長一三年（一六〇八））を中心とする彫刻にも、その境地をみることができる。それらをじっと見つめていると、開いていない扉をそっと開けて、奥の奥にある秘密の世界に立ち入ることができる。

†五尊

仏眼と奥にある秘密の世界の関係を痛感させたのは、京都の東寺講堂にある不動明王を中心とする五尊である。五尊の中央は不動である。堂々としてすごい存在感である。それが他の四大明王とともに祈る人すべてをだきかかえて、人の奥にあるよからぬもの（善悪の悪業）をとりのぞく。講堂の近くには、空海の住居である御影堂があり、今でもこの建物の後《うしろ》に秘仏として、天福元年（一二三三）康勝作の空海の御影像がまつられている。これなどはまさしく現世利益の中心である。御影像は空海の持仏といわれ、像高一二三センチ光背一三九・五センチ、台座七九センチの高さで一木造り、彫眼である。講堂にあるはなやかな五大明王の不動と違ってむしろ重厚な趣がある。

不動は大日如来のしもべとして、おがむ人の「業煩悩《ごうぼんのう》」をとりのぞくといわれる。つまりその人のわざわいや悩みや「よきせぬこと」をすべて察知して、お不動さんが食べてしまうというのだ。不動が悪ものを棒をもって退治する、というのは人間の側の考えである。悪業とか煩悩は心の中に巣くっている存在だから目に見えない。だから、やんわりと除去する方法をとる。

業は昔から「三業《さんごう》」といって、「身《しん》」身体の行動（行為）、「口《く》」おしゃべり（言語）、「意《い》」（心、こころ）の三つの行為（三密）をいう。これらのはたらきによる行動のすべてが、生きてゆく行為を可能にせしめる鍵をもにぎっているようにみえる。鍵とは「その人の人生の苦楽の結果」をいう。したがって密教では、その鍵で心の中をお不動さんが開けて良い悩み、悪い悩みをより分けて対処するとされる。（人の）善悪の行為は、ただその道理（きまり）によって、後でかならず行為に即した結果を生むことになる。「因果《いんが》」にもとづくということである。不動明王が威圧的であるというのは、その威力によって人の心中を奥深く照射するためである。照し出して悪をえぐり出し退治する。

不動明王が人間を照射する際のベクトルを驚覚線《きょうがくせん》という。空海在世中に五大院に描かれ

驚覚線

た、「高雄曼荼羅」の向って右の「不動明王像」の頭部周囲にそれが描かれている。この線は明確に、白描「高雄曼荼羅」図によって知ることができる。この線は、不動が一瞬ひらめき表わしたものである。「密教アート」の目は、この瞬間の描写をとらえている。不動の画像や彫像を前にして祈禱するものを「不動法」という。不動明王を本尊として息災《そくさい》を祈り、その中心は延寿《えんじゅ》と除病である。空海と円珍によって、この祈願は平安―鎌倉時代に大いにひろまった。また弘法大師信仰の中で、この修法は、多様なインスピレーション(新しい考え、創作霊感)を生み出し、それにちなんだ独自の造形を生み出した。例えば空海の入唐の故事にちなんで舟が沈まないようにと彫像、「波切《なみきり》不動」や円珍の感得《かんとく》による「黄不動」(国宝・円城寺蔵)などの作品も生み出された。

†愛染明王曼荼羅

愛染明王曼荼羅は、平安時代から愛染法の本尊として用いられた。愛染法については、詳しく後述するがそのねらいを簡単にいうと、敬愛と調伏である。いずれも人間の愛と欲望をテーマとした別尊曼荼羅である。愛欲は人間が生きてゆくための根本的な本能である。

ただモチーフとするには「愛」も「欲」もつかみどころがない。それは人間の生命を精神的にも肉体的にも注視したときはじめて浮きあがってくる問題である。その凝縮した形が、この曼荼羅である。

画面と構図は、愛染明王を中心に方形のわくでそれを囲み、平面構成をむしろ単純化し表現している。主役の愛染明王はどろどろした愛欲のかたまり（オブジェ）のように抽象的に表現している。表現は鮮やかで明快である。むしろ愛欲の真赤なニュアンスを愛染明王の画像に封じ込めている。その赤色は本当に画面のすみずみまで真赤で、画面を見ていると心地よく中にすい込まれそうな気分になる。この感覚によって、愛染すなわちラーガ（羅誐）は「愛欲貪染《とんぜん》」の境地から、金剛薩埵《こんごうさった》の浄菩提心《じょうぼだいしん》というすみきった三昧に祈りの中で突如として覆われることになる。

これは人間が生きてゆく過程でどろどろした精神状態が、愛染明王をおがむことにより一転するのと同じである。この感じは悩みも困窮も、すべて赤色の菩提心から、真白の菩提心にとって変るというシステムである。このことは赤色は女性的原理の象徴、それが白色に変化するという、『瑜祇経《ゆぎきょう》』の所説をもとにしている。

人間の愛と欲はもともと相容れないものである。空海も密教を深めるにあたって、このことにそうとう悩んだ。ところが中国で「相応経」という金剛智訳『金剛峯楼閣一切瑜伽瑜祇経』を見つけて、二つの対立概念を一つにまとめるという考えに到達したのである。つまり『大日経』は本有《ほんぬ》、『金剛頂経』は修生《しゅうしょう》を基本としている、それをこの『瑜祇経』によって、どちらにも片よらない「本修不二《ほんしゅうふに》」の立場を見出したのである。

仏像はここでは三七尊あり、金剛界曼荼羅の核である光明心殿《こうみょうしんでん》に住していつも真言を説いている。『瑜祇経』は空海によって中国より請来され、他に恵運や宗叡という高僧ももち帰っている。この経の初めに愛染明王のことが説かれており、最後に金剛薩埵のことが述べられている。空海の『瑜祇経』の「行法記」などを調べてみると実修的な祈りの方法も同時に伝えている。

この信仰は高野山あるいは真言宗で展開されて、巨大な建造物「瑜祇塔」までつくられるようになった（たとえば高野山内はもちろん、徳島二十三番札所薬王寺、淡路島など）。この瑜祇塔の建造は、人間の内なる煩悩と菩提の結実が宇宙空間にまでおよぶことを目標とする。マクロ的視点を可能にする造形をも生み出している。空海の高弟真然大徳が貞観一二年（八七〇）に高野山の中院（龍光院）に建立したといわれている。現に瑜祇五股を屋根に立てたものが昭和六年に再興されている。

こういった伝承を考えると「密教アート」の構想というものは、人間が有している煩悩即菩提の個の心の内にあったものが外へ外へと芸術的な造形となって、その美意識をほりおこし、はかり知れない可能性を秘めていることを示唆している。ここがまた現代芸術と結びつく原点にもなっている。すなわち逆説的かもしれないが、愛と煩悩の葛藤が、密教美術の別尊曼荼羅をも生み出す一つの基盤になっているのだ。密教の別尊の存在は、さまざまな欲望の所産であると同時に、祈ることによってそれを可能にする所産でもある。その密教の造形をわれわれは奥が深いとみる。

たとえば鎌倉時代の『愛染明王像』（縦一二〇・九、横七七・五センチメートル、醍醐寺蔵）の画面は、黒色系を背景に、ほとんど朱色一色でうずめられている。愛染法の本尊で平安期の白描の代表的な式《スタイル》の典型といってよい見事なものである。醍醐寺の義演《ぎえん》は、これを慶長九年（一六〇四）に修復し、開眼供養を四七歳のとき行ったと伝えられている。おそらくこの迫真の眼をとらえる多くの白描図像の、一二世紀まで遡る伝統とつみかさねが、愛染明王像の画像にこのように伝承されている。そしてまるで真言行者をにらみつけるようにわれわれに向ってくる。

「密教アート」の美が追求するテーマの一つは、浄土教美術とは違う視点にある。それは自分の現実のこの肉体の中にある「愛別離苦《あいべつりく》」のような精神の問題との対《フユール・ジツヒ》自であり、それは、なかなかとらえにくかったのではないか、と私には思える。もっとも密教美術の中でこの部分をあつかうことは、とうぜん「人間そのものをあつかうこと」である。愛の苦悩は仏教修行者にとってもっとも重要な課題の一つでもある。空海も苦悩する一方で「愛別離苦」は面白く受けとめたに違いない。それは密教美をとらえるための永遠のテーマでもあるからだ。人が生きることと「愛」の苦しみは、実に表裏一体である。空海は、修行中もつねにこのことが頭の中にあった。これをはらいのけ、そこから美をどう集約して絵の中で描くか、表現するのか、その結果が一つは「愛染明王」であった。

とはいえ「愛別離苦」は「カッ！」と目を見開いただけでは、歌舞伎の「みえ」と同じ型の世界にすぎない。これだけの表現では精神的な苦悩に迫れない。となると、あとは「色」つまり彩色表現にゆだねることになる。醍醐寺の愛染明王は真赤な世界を画面のすみずみまで描いている。その点から考えるとやはり、「離苦」は絵の中で想像するものを残しておいた方が、うまく真赤な色とかみ合うように思う。苦しみを真赤な色彩におきかえることは、かなり飛躍《ひやく》がいるが、その意味では対人関係の憎悪も赤色の中に含まれている。愛のどろどろしたものは自分自身の中で憎悪もとり込んでいる、したがって「愛」は「別」を提示することにより、赤色の幅も深さもひろがってくるのだと考えられる。

それにしても、この愛染明王の赤色は不思議な色あいをかもし出している。愛の矛盾と葛藤を、この赤色の中で〈考えている〉といってもよい。色はいろいろ考えて主張する。この愛染法は、密教の四つの護摩法（四種法）のうち敬愛法の一つである。「愛」と人間の関係をいろいろと考えた末に「愛」を強く意識して「敬愛せよ」と阿闍梨は言いふくめる。たとえ「愛」の葛藤があったとしても、金剛智訳『金剛峯楼閣一切瑜伽瑜祇経』でふれているように、初心を包括した菩提心を求めてやまないところに人は必ず落ちてくるはずだとする。空海の系統が説く主張は、この愛の複雑な回路をわざわざ赤い図画をもって知らしめようとしている。ただ祈りの根源は必ず形となり、色となる。それが「密教アート」の神髄である。

ところで、愛染曼荼羅のうち方形の仕切り線の入った図画のものがある。この構図は金剛界系の構造を反映している。それは周囲の菩薩に見守られながら一心に中央の目的に向って集中する、すなわち「愛染曼荼羅」の方形二重区画の画面をつくる。この区画はもとは、金剛界曼荼羅の九つのうち「理趣会《りしゆえ》」という絵を土台にして図解している。「理趣」とは、物の道理の究極を意味するが、そのきわめつきは人が煩悩をもっているところから発想を得ている。つまり煩悩の中心を支配しているところに注目して愛欲のかたまり（＝肉体）であるが、具体的には「欲《よく》」（欲望）、「触《しょく》」（ふれる、さわる）、「愛《あい》」（愛する行為愛撫など）、「慢《まん》」（まるく、円型のかたち、四角いもの、円いものを行為をとおしてまるくおさめる）の四種があり、その各々に四菩薩が対応する。これを瑜伽《ゆが》（ヨーガ、という思考）の力によって、形態にかえる。そして人間がともかくまっすぐに生きるという根拠、すなわち根本的なこころ「菩提心《ぼだいしん》」のある世界にゆきつくことを教える。

その菩提心にたどりつくための四菩薩のうち、「欲菩薩」は、形と色と印相によって身ぶり手ぶりであらわす摩竭幢《まかつどう》を右手で立ててもつ。これは菩提心にたどりついたら動じないという意味を示している。「触菩薩」は相手や物に触れるしぐさをする。また「愛菩薩」は弓矢の矢を放って、相手に該当する（人やもの）の心中を射止めようとする。したがって、この菩薩はキューピッドとよく似た弓の矢をかまえている。「慢菩薩」は両手を胸前で交叉させると同時に、満足そうな表情を見せている。この表現方法はまさに今日のことばでいうパフォーマンスそのものである。

このように四体の菩薩の表情もふくめた姿・形は、もう一つ別に総体としての中心の仏が必要となる。これが九区画の中央に位置する「金剛薩埵」である。金剛界曼荼羅における金剛薩埵は、理趣会の主尊である。『愛染曼荼羅』は、その主尊・金剛薩埵と愛染明王を入れかえることにより、もっとどろどろした別の新たな理趣会曼荼羅を生み出したのである。

その代表的な作例が根津美術館本と随心院本である。根津美術館本は鎌倉前期に遡る優品で、愛別離苦や愛憎の世界を見事に美化している。また十二天に囲まれたややスケールの大きな画面に描く兵庫・太山寺や随心院本の『愛染曼荼羅』（縦一一一・二、横七〇・六センチメートル）を見ると、同じ真言系でも周囲に安鎮法《あんちん》（詳細は後述）の構図すなわち八方天、十二天を巡らせて中心の加持の強い不動等の忿怒尊を配置するものと似ている。また黄不動のような感得像の場合は、異質の天台系の図像を考えさせられる。図像（絵がら）が異質だという考えかたは、真言系より、やや画面構成が自由で描く顔相に異様さを強調する。そこから空間に間《ま》のようなものを感じる。

愛染明王を十二天像で囲むという発想は真言系、天台系に共通する図像配置である。アメリカのバークコレクションにある白描の図像『愛染曼荼羅』は、もと京都の青蓮院に伝来したものであるが、嘉承二年（一一〇七）の銘がある。六臂の愛染である点は同じタイプであるが、周囲の眷属《けんぞく》の図像が若干異なる。

ところで「十二天で囲む愛染」という構造に注目しておく。愛染という尊格のテーマは、これまでもふれてきたように、人間の精神的な愛欲の葛藤も含めて、それを十二方をよくにらんで守るという発想をもととする。実にどろどろした煩悩の象徴のごとき現実世界を守る愛染という発想を、真言密教では十二天画像を掛けたり、十二天屛風を立てたりして、祈りの座に設定する。その目的は魔の進入をふせぎ、さまざまな祈願の成就を行うためである。この十二天をめぐらせている外周の帯は、真言密教では「結界」を内蔵した構図という。この構図を必要とする愛染は「愛欲貪染《とんぜん》」（ラーガ）といい、「愛」そのものは肯定される。

これが敬愛法であるところからみれば、方形に囲んだ結界内の愛染明王は、すべての人間の精神と肉体の中にひそむメカニズムを調整する機能をもっている。そのメカニズムを画面の上に造形化するとすれば、尊像の配置との対比である。対比は最終的には二つの対立概念（男性と女性）の融合にほかならない。真言密教では、二つの尊像、すなわち愛染と不動明王が対比されていながら融合を目ざす。つまり二つの対立概念をもとに両性が融合されるのである。

その融合の寸然を表現したものが、二頭一身で配置されることにつながる。いわゆる「両頭愛染」という、摩訶不思議な表現の誕生である。右面は赤色の忿怒相、左面は黄色で慈悲相になる。「両頭」とは、男性的原理と女性的原理を仏像の頭部におきかえ一身二頭として描くものである。「両」とは「双方」の意。古代においては特に「金と銀の単位」でもあった。それがやがて「円」という単位をもたらすことになった。実に造形的な発想である。

愛染の「煩悩」は、仏教修行の側では、「貪愛染着《とんあいせんちゃく》」としてとらえる。造形として表わされた「かたち」や「色」は象徴的なものにすぎず、われわれはそれに対応する的確な答えをもっていない。未完成でありながら、愛の存在を確かなものにする「かたち」をものの中に見入る。図解化するとなれば両性具有的な表現を想像するから、「両頭」となる。これはものの未分化の状態に近い「かたち」をあらわしている。両頭愛染の発想はそのように考えられる。私はそれを「二而不二（もともと一つのもの）」として赤色で表現することを結論とする。

真言密教の美意識を育んでいる「二而不二」は、行者が修行を通じて近づこうとしている悟りの境地と実はよく似ている。またこの美意識はお茶をたてる行為にも、またお花をいける作法や立ち居ふるまいにも、完成した作品にもあい通じるものがある。

私は平成二三年に奈良・中宮寺の表書院修造式後のお祝いの席で久しぶりにお家元千宗室さまのお手前にあずかった。作法の手順にも感服したが、それよりも何よりも茶碗を差し出す手の形に驚いた。他の人とはまったく違う両手のしぐさと指のしまりとの中に優雅な表情さえかもし出されている。これはすごい、手に表情があるのだ。いずれにせよ、この一連の作法はすべて事が流れるように連続している。

私はそのとき書院の外で小鳥のピィーピィーと鳴く声を聞いた。むろんこの鳴き声とアートはいっけん関係が無いようである。しかし、もし私がこの声に気持をとめなかったら、まったく別世界の話で終っていたに違いない。ともかく私は小鳥の声に気をとめた。そしてその余韻の中でアートの心髄を考えることにした。これは私が高野山で中院流の伝法灌頂のあと師僧阿闍梨善教師が御血脈を授けるときの両手とその型がまったく類似しているのに驚いた。お家元のお茶一服もまるで最愛の御弟子に授けるかのように客人に差し出すのだ。そのシーンと静まりかえった雰囲気のなかで、実に見事としかいいようがないほど、丁寧なもてなしかたである。実は真言密教の灌頂の秘密の作法の中にもこれと共通する作法がある。これが不思議と密教アートの「二而不二」の絵画化のとらえかたに通じる。

たとえばそれは、まぎれもなく「両頭愛染曼荼羅」そのものである。曼荼羅として異形の「両頭愛染」であるが、それはまったく二つとない慈愛の象徴のようなものである。先に述べたとおり、曼荼羅の中でも、別尊曼荼羅は個別に発達し、とくに中世以降、曼荼羅は細分化して何種類にもわかれて展開する。そのうち両頭曼荼羅ははやくから、意識的に生み出されたものである。その要因は空海が九世紀初めにわが国へ伝えた「両界曼荼羅」を出発点とする。根本となる両界曼荼羅がなければ、「両頭愛染曼荼羅」も生じなかった。そしてまた「両部神道《りょうぶしんとう》」もあらわれなかったであろう。

真言密教の教義《きょうぎ》（理論とおしえ）は、修行にもとづいているがゆえに、行為そのものが、「かたち」（オブジェ）となる。またそうした行動そのものも、曼荼羅行であるから、パフォーマンスも含めて奥深い美意識が、いかなる場合にもひそんでいる。それを堂々とオブジェ化する。パフォーマンスとオブジェは単体ではないからだ。二つ存在する美意識はやがて一つに統合することを前提にしている。両頭愛染はその象徴である。そこから考えると小鳥の声も両頭の「慈愛」に該当する部分に思える。画面や彫刻で示しているのは、やがて二つのものが一つになるであろうことを予測してその寸然の「かたち」をとらえている。

寸然というのはこの場合、悟りに到達する一歩手前の状況をいう。密教図像が明確にイメージとして見えてくるのは、この一瞬においてであろうと考えられる。真言行者は、その瞬間のごくわずかな時間に全神経を集中させて、「彩色」「かたち」を感得《かんとく》する。密家《みっけ》（密教に精通した専門家）は、それを天からおのれの身に近づき「手元に降りる」といって、そのイメージを大切にする。その大部分は直観的なものである。「色」と「かたち」はこのとき、はじめて行者の頭はもちろん身体中に定着する。

†尊勝曼荼羅

平安時代には、密教アートの基礎ともいうべき絵画・彫刻・工芸品・書の分野で、さまざまな意匠が形成されてきた。それは貴族階級の加持祈禱の隆盛を物語っている。

そのような人々が、祈りの対象とした「かたち（図形）」の象徴として三角形と半月形がある。それを取り入れたものに「尊勝仏頂曼荼羅」がある。不空訳『仏頂尊勝陀羅尼儀軌』と善無畏訳『尊勝仏頂脩瑜伽法儀軌』二巻にもとづいて描かれたものであるが、俗に「尊勝曼荼羅」とよぶ。

この画面は、中尊（本尊）を「尊勝仏頂」とする場合と「大日如来」とする場合の二種がある。全体の構図は方形二重式で、中に円形があり、その円輪内に定印を結ぶ釈迦金輪、周囲に八尊の八仏頂すなわち白傘蓋《びゃくさんがい》、最勝、尊勝（除障《じょしょう》）、放光、勝《しょう》、広生《こうしょう》、無辺声《むへんしょう》、発《はっ》生《しょう》の八つを配置している。

また画面の上辺に左右より、雲にのって下方へ降りてくる供養の菩薩の坐像を描く。いずれも、これら二天が荘厳な感じを演出している。そして下辺の右、三角形内に不動明王が、下辺左、半月形内に降三世明王がそれぞれ特別な意味をもって描かれる。これには左右逆の場合もある。その両尊の間に、盛花をあしらった香炉を置き、貴族好みらしい独得の雰囲気をもっている。

祈禱の目的は息災、増益、滅罪、安産であるが、画面の三角形に降三世明王という忿怒形の図像があり、これが修法中、真言行者の目にどう印象づけられるのか。そして半月形の「かたち」がどう作用するのか。いずれも魔物を退散させるべく効果のある真言・呪文が発声されるので、三角形と半月形が目から入り行者の脳裏に焼きつく。その効果に集中するならば、想像以上の力が得られるとされる。

†五秘密曼荼羅

よく両頭愛染像と構図の上で比較されるものに、五秘密像がある。両者が共通している点は、礼拝対象を一塊《ひとかたまり》に封じ込めるという手法で、オブジェ化しイメージ化して表現されている点である。平安時代の真言僧興然《こうねん》の『曼荼羅集』（大通寺本）や「理趣経曼荼羅」第十八会の「五秘密会」によると、これらを典拠として図像化し彩色を加えて「五秘密像」は描かれた。また大きな円相内に蓮台にのった金剛薩埵と、それに寄りそう四金剛菩薩を描くが、これも「五秘密曼荼羅」とよぶ。いずれも中心は金剛薩埵像で、全体は浄菩《じょうぼ》提心《だいしん》をあらわす。まわりの四菩薩は、欲《よく》、触《しょく》、愛《あい》、慢《まん》の四菩薩「金剛」である。その各々が中心に寄りそうようにして未知の知を「欲」を浄化し高めてゆく。

平安時代から、五秘密法を滅罪《めつざい》と敬愛《けいあい》の秘法として、五秘密曼荼羅を本尊としておがむ。典拠となっているテキストは、『五秘密儀軌』、『大楽軌（大楽金剛薩埵修行成就儀軌）』であるが、「理趣経」法を根拠にここには「たとえ現に多くの重罪を行ったとしても、必ずよく一切の悪趣を超越す」と説かれている。つまり、どんなに悪いことを重ねたとしても、「五秘密」を修しおがめばしだいにうすれ悪趣が消えてゆく、それゆえ滅罪の意識も小さくなってゆくというのである。

この「理趣経」法は、空海が師の恵果阿闍梨より授けられたもので、師にならって弘仁一三年（八二二）一二月一一日から五日三時まで修したのが最初だといわれている。その本尊は「五秘密曼荼羅」だったという伝もあるが、実際には「五秘密曼荼羅」は中世以降の鎌倉期から始まったもので、当初は大日如来（金剛界）が使われたという。

「理趣経」七巻のうち金剛薩埵の内証（内に秘められた仏の力）である煩悩即菩提を説くのは、その目的が、これひとえに現世のさまざまな苦しみから逃れたいと思うからである。それをかなえてくれるのが、大日如来であり金剛薩埵だからである。この二尊はいかなる曼荼羅の場合も常に中央に配置されており画面の中心に描かれる。先に取りあげた両頭愛染曼荼羅の場合は、中央に金剛薩埵をおき四隅に四金剛を配置する。そのうち「愛」金剛、「慢」金剛などは、象または獅子に乗って弓矢を射ている姿で描くものもある。高野山の金剛峯寺本（縦一一八・五、横五七・九センチメートル）や同じく持明院本（縦一〇八・三、横四二・二センチメートル）がそれであるが、この種の図像を意楽《いぎょう》という。「いぎょう」は画家の創意工夫によるものであるが、完成された画面をみると伝統画法を踏襲しているように見えるのは不思議である。

五秘密曼荼羅のように四金剛女（四金剛菩薩）で主尊（中心）を囲む場合は、予知せぬさまざまな未知のエネルギーに遭遇するものである。そのことじたいはきわめて密教的な行為である。チベット密教の経典、儀軌のグフヤサマージャ・タントラやヘーワジラー・タントラの所説にもとづいて表現される「四金剛」像は、そのイメージ（像容）の発想が人間の生命観から出発しているように見える。もう少し別の見方をすれば、「四金剛」の「空性菩提《くうしょうぼだい》」（シューニャター・ボーディ）は、一切の事象の本体が空であることを悟るための修行法ということになる。「種子所集《しゅじしょしゅう》」（ビージャ・サムフリタ）は、空性というつかみどころのない存在を種子を用いて象徴的なかたちとしてあらわす。「影像出生《えいぞうしゅっしょう》」（ビムバンニシュパンナ）はその種子（文字）を手がかりとして、影像すなわち曼荼羅を展開する。「文字布置《もじふち》」（ニャーサーンクシャラ）は文字を曼荼羅と成して、身体の各所に布置する。この四つの「四金剛」は、日本に伝来している「理趣経」曼荼羅中の四尊とは異なる。むしろ大乗仏教が展開されたチベット密教として伝える、「空性」をとらえるための手法が、この四つには隠されているように思える。

　この「文字布置」という観法も、「影像」や「布字」といった究極のイメージが手がかりであり、ちょうどわが国の梵字《ぼんじ》（種子）を身体に書く「布字観」という観法を完成することに等しい。この文字を祈りの対象にまで高めて位置づけることは、抽象的なあるいは具象的な形を予測することになるかもしれない。文字を読み取ろうとする究明行為の中に「記号」的な文字の新たな領域が含まれるかもしれない。つまりその新たな見方が「密教アート」の世界なのである。意味の伝達行為は成立するが、美的な発想あるいは着想は決して表面にあらわれない。文字の中にもぐったままだ。あるいは見る対象がどういう意味をもつかは、説明されるまでわからないかもしれない。布字観というのは、その力も何もかもすべて文字の字形の中にもぐったまま秘密なのだ。それゆえに密教なのである。秘密を型の中に封じ込めたままなのである。それを見ようとするのが「密教アート」なのである。

✝光明真言曼荼羅

私はごく最近、『空海の足音』（平成二六年九月—一〇月）という四国四県（徳島、高知、愛媛、香川）で開催された四国遍路の展覧会の総合監修をやらせていただいた。その中の展示品に「光明真言曼荼羅」という、巨大な梵字で描いた円輪板を初めてみることができた。おそらくこれが展示されるのは初めてだろう。土佐国分寺の本堂の奥にまつられていたが、天上からおろしてみるとその大きさに驚いた。上からおろしたと同時に光明真言を発声する音がまるで目の前で聞えるように思えた。それは驚異であった。巨大な魚を生けどりにしたような何ともいえない生々しさを感じた。

文字の呪力に注目するとチベットやネパールのヒマラヤの奥地には、岩壁に呪文「オン、マニパドメーフーム（おん、摩尼宝珠よ、蓮華よ、力を与えたまえ、ふーん）」のように真言・梵字をかいた所がある。土佐国分寺の作例は、空間に発せられた滅罪、除病、亡者解脱のための祈りや供養のための祈念《きねん》する真言として切りとり、大円輪の「光明真言曼荼羅」としたのである。

光明真言の意味は「生前におかした一切の罪業をとり除く」目的をもっている。それゆえ、その本質と造形のつながりは、本尊が大日如来（金剛界）であるから、浄土より広い、この世を超えた宇宙を想定した広い遠い空間を無限に位置づける。これはこの真言の祈りにかえて、遍満する宇宙に光明の光がすみずみまでゆきわたり、それはやがて祈る側の真言行者の身体に帰ってくる。つまり広い空間におよんだ大日如来の光と化したさまざまな力が、発信した側のもとの場所にもどってくると考えられるのである。光明真言は不空訳『不空羂索毘盧遮那仏大灌頂光真言』に「光真言《こう》」として出てくる。この中には「大空遍照の大印は、宝珠《ほうじゅ》、蓮華、光明の諸徳を具有《ぐゆう》し、これを転じて行者の身に満たさせん」とある。またこの本経の真言を二、三、七遍となえれば、すべての罪はたちどころに消えるというのである。行者は修行をつむことによって、常に白紙にもどる身体をつくりあげてゆく。すなわち行者を真白な紙にたとえることによって、そこから今迄にない発想で生命をくり返し創作を生み出すことが可能になるのだ。

平安時代に恵什によって編纂された『図像鈔』（『十巻鈔』）には、光明真言の本尊を大日如来と定めていることが述べられており、他に彩色で仏像が各々描かれている。『覚禅鈔』や『阿娑縛抄』とともに密教画の三大図像集と称し、今でも仏画を描くバイブル的お手本、教科書である。

✝虚空蔵曼荼羅

虚空蔵菩薩像は空海にとって自身の命の次に大切な仏だったといわれている。あるいは「命」以上の存在かもしれない。空海が若いとき着目したのは、ほとけとしての像だけではない。おそらく奈良で「ある一人の僧より教えられた」とされる「虚空蔵求聞持法《こくぞうぐもんじほう》」とその真言の威力である。ここでも言語が主役である。

その虚空蔵菩薩像であるが、鎌倉時代以降、「虚空蔵曼荼羅」や「五大虚空蔵曼荼羅」の中に描き込まれるようになった。興然の『曼荼羅集』にもおさめられているので、平安時代末には描かれた可能性はあるが、時代が遡る作例は今のところ無い。あるのは鎌倉期以降のものである。

虚空蔵菩薩は宇宙のすべての真理を内蔵しており、その功徳は無量の力があるとされ、その力のおよぶ範囲は実に無限である。その力は、宇宙のすみずみまで、空間を支配すると仮定して、それはまた五大《ごだい》ともよばれる。五大とは地、水、火、風、空も含めた広大な宇宙のことだ。五大には各々、虚空蔵菩薩を想定して大円輪内に五解脱輪《ごげだつりん》を描き、その小円内に五智如来像《ごちにょらいぞう》を描き込む。身色《しんしき》（身体の彩色）を五色（白色、黄色、赤色、青色、黒色）に配色して像容をシンボル化している。シンボルの中心は五大すなわち宇宙である。五色・五大色は宇宙の構成要素でもある。五色彩は五大のシンボルであり、彩色の意味は各々、「法界《ほっかい》」（白色）、「金剛《こんごう》」（黄色）、「宝光《ほうこう》」（青色）、「蓮華《れんげ》」（赤色）、「業用《ごうよう》」（黒紫色）で典拠は『瑜祇経《ゆぎきょう》』にある。ここで興味深いのは、なぜ五つの仏像を五つの身色であらわさなければならないのか、ということである。

つまり五彩色が与えられることによって、虚空蔵菩薩は、曼荼羅という人工的な図式の中で細分化された「機能」と「目的」をもった存在に変化《へんげ》するのである。機能とは「法界虚空蔵」つまり宇宙（法界）を支配する力の根源であり、目的とはその修法をいう。修法の効力は「攘災と増益」におよぶ。ただし円相内に五尊がおさめられて、はじめて目的がかなうとされる。

もとより胎蔵界曼荼羅では、虚空蔵菩薩が描かれる画面は、虚空蔵院に限られる。それは、胎蔵界曼荼羅の中心の大日如来がいる中台八葉院から下へさがった三番目の院（室）に位置する。

『デジタル思考とアナログ思考』（光文社）の著者、渡辺茂氏は「虚空の蔵《くら》とは、何もない空《から》の容器のこと。ただの三次元空間であり、この空間を解説する仏様の集まり」（二二四頁）と述べている。確かにその通りであるが、形も何もない「空間」を目で見て認知・認識することは難しい。それを可能にするのが、密教の修行、「虚空蔵求聞持法」である。しかしこの修行をとおしてすら、「五大」という空間を認識するということは至難の業である。つまり空間は無色無限の状態で、色も形もない透明なものだから、手でつかむことはできない。こういうものだという実感がわかないのだ。

しかし空気がただよう空間は、身体の感覚器官を駆使するならば、認知できないことはない。たしかに全身で感じとることはできる。空間にただよう、きれいな空気だとか、すがすがしい気持のいい空気、というふうに身体すなわち肌、皮膚でその気配も含めて感じとることができる。

「虚空蔵求聞持法」では行者は、虚空蔵菩薩の真言をくり返しとなえながら、その呪文を連続させておがむ。何度も何度も連続させて口から真言を発声させることにより、口そのものがこの真言を覚えるのである。もちろん曼荼羅を眼前に見つめて行う修行は、別のカリキュラムになるが、そのプログラムをテキスト（修法・次第《しだい》）に集中させて考えると、どうも人間の頭脳の作用とコンピュータを介したデジタル手法は連関しているように考えられる。虚空蔵菩薩像を前にした記憶力増進や暗記力の練磨など真言行者が駆使するアナログ手法のくり返しは、真言の量と質の追求となる。

この反対にデジタル手法のくり返しは「数」の計算の追求となる。要するに「虚空蔵菩薩の真言」をくり返し唱えることにより人間の脳のすべてがデジタル化することに似ている。修行の段階では、頭脳が活性化し身体とのつながりを意識され、速いリズミカルな真言が合体して何度でも無限に唱えられるようになる。そして声だけでなく同時に両手も自然に結印して動いていく、といった状況をつくり出すのである。身体は仏と化して、まさに三位一体の境地をつくり出し、身体そのものがコンピュータのごとく静かに作動していくのである。

このときたった一つの虚空蔵菩薩の真言が唱えられ、身体内では、集中しているはずなのに、まったく別の情報が次々と湧きあがるのである。これは不思議な現象だ。『脳とコンピューター』(「中公新書」二八六)の著者、品川嘉也氏によれば、「言語・表情・動作・運動などによりヒトの作り出す情報量は毎秒一千万(10⁷)ビットに上る」という。密教の修行においても、人間の身体は、かくのごとき情報量を処理するコンピュータとなる。それはまるで人間の身体が一つの結界を成しているということだ。「結界」は真言密教の専門用語でも重要なタームであるし、情報の変形と処理は、あらゆる意味で「密教アート」がねらう極意に類似した行為である。

結界とは、室内はもとより外界における寺の境内、地上では山岳、山、庭園、寺領など多岐におよぶ。ただ密教儀式のさまざまな効果にかかわる結界の定義は、結界された領域内に限定されているので、たてよこの限られた地上（平面）と空間（立体）内での効果が想定される。品川氏が想定する「結界」という場は、明らかに限定された箱（コンピュータ）のような図式と存在を私には想像させる。

この「箱」こそ、実は空海が中国より請来した両界曼荼羅に相当するものと考えられる。両界曼荼羅は、金堂（本堂）内陣に東西対面して掛けられる。対面している間の空間もいうまでもなく結界によって仕切られている。お堂の南に立って右（東）すなわち胎蔵界曼荼羅・左（西）すなわち金剛界曼荼羅の曼荼羅を見つめ基本的には両方をおがむが、時期と目的によっては別々の祈禱となる。人工的装置に対応させて考えると、虚空蔵菩薩は、胎蔵界曼荼羅中その機能・容量にかかわる最大限の可能性を有しており、それは他のどの菩薩よりもぬきんでている。

空海は若いときに、このように虚空蔵菩薩像を眼前にすえて、「虚空蔵菩薩求聞持法」を記憶力増進を目的とした練行として成しとげた。そしてこの尊の威力を確認している。コンピュータなど無い時代に空海は、デジタルとアナログの手法を駆使したかのように、大日如来というもう一つの「仏の存在」をつくりあげようとしている。その場所が阿波大《あわたい》龍岳《りゅうがだけ》（徳島・第二十一番札所太龍寺）である。その時の状況は空海自身が自著『三教指帰』序のとおり、虚空蔵菩薩を本尊として対面し、その真言、「ノウボウ、アキャシャ、ギャラバャオンアリキャ、マリボリ、ソワカ」（中院流）を五十日間で百万遍となえて完成・成満するという気の遠くなるような難行苦行を行ったのである。この行は一日一座《ざ》（一回）に一万遍、二座（二回）続けるとしたら一座五千遍で、いずれにしても一日で一万五千遍—二万遍で通して五十日間で結願となる。通してというのは生身の人間に途中、事故・病気・アクシデントがなかったことを条件とする。つまり求聞持法は途中でまったく休むことが許されない苦行である。効果的に完成に到るためには、「続ける」、「連続させる」ということが肉体にとって有効な鍛錬の手法なのである。「続ける」最中に考えたり、思いにふけったりする余裕は、もちろん無い。求聞持法は逆に肉体をコンピュータ化することによって記憶力を増進させることができる。確かに目の前に掛けられている「求聞持法本尊図」（『別尊雑記』所収）には、そのときの記憶力を感得《かんとく》し、増進させるにたる図像があり、三四本の放光が頭部周辺に描かれている。本尊すなわち画面の側でも修行者に「増進がかなった」旨の答えが提示されたのである。

むろん記憶力増進の成果は、私の経験でも可能である。ただしそれを可能にする年齢は、若いとき（二〇歳前後）の修行によってである。コンピュータの記憶装置で言うところのビットは、空海がたどりついた真言密教の「三密」に等しい、と考えられる。そしてその三密の「身《しん》（からだ）、口《く》（ことば、真言）、意《い》（こころ）」はあらゆる空間の中で、また人間の体中において「結界」され大切に温存され、虚空蔵菩薩の祈願の目的、「攘災」を排除するにたる眼前のオブジェ（虚空像菩薩の彫刻）が効果を発揮して、結果的には「増益」というもう一つ上のランクの果報を生み出す。

ここでいまいちど密教アートのメカニズムを考えておきたい。およそ密教の絵画彫刻は、本来的に祈る側（祈禱）で阿闍梨が自ら描いたり、彫ったりすることを本意とする考えかたがある。しかし現存する作品の大部分は施主が絵師・仏師に依頼してつくられている。むろん、それでも阿闍梨自身が制作する場合がないわけではないが実際にはごくまれである。空海が記している『請来目録』では「法はもとより言なれども、言にあらざれば顕われず。真如は色を絶するものであるが、色《しき》をもってでしか悟ることはできない」と言い、そして次に有名な言葉「密教は深玄にして翰墨《かんぼく》に載せ難し、更に図画を借りて、悟らざるに開示す。種々の威義、すなわち印契《いんげい》、大悲より出でて、一都に成仏す。経疏は秘略にして、これを図像に載せたり、密蔵の要は実にここにかかれり。仏法受法のことはこれを棄てて何があろうか」と続く。この最後の一言は、「密教における仏法受法という実践的な行為、また、悟りという未知のものは、絵画化されたもの、あるいは立体造形化されたオブジェのようなものとして、表現しとらえられることによってのみ悟りに通じる道がひらける」と言わんとしている。これこそ空海独自の解釈ということになろうか。

「密教アート」という言葉が成立する意も実はここにある。「さとり」の真髄を密教の表現の母体であるオブジェをよりどころとして、もし近づくことができるとすれば、それは確かに平面を超越している。

†請雨経曼荼羅・孔雀経曼荼羅

密教で使う言葉の多くは、「密語《みつご》」といって、仏が真実を説いた言葉とされる。ところがなかなかすぐには意味が理解できない。空海は『請来目録』の中で「密蔵（密語）は幽玄」と称し、語の奥義を簡単には明かそうとはしなかった。だから絵で表わしたのである。

これは文字の意味を絵画化することには違いないが、内容をズバリ表現しているわけではない。秘密の世界にはいつもカラクリが潜んでいる。仏は「さとり」の部分で変らないが、祈る側の人間は多種多様におり、一個人でさえ肉体の中の精神は一定していないからだ。

それにくらべて仏の真実語は、祈る側（密教修法者・阿闍梨）と仏が意を通じる唯一のコトバを通して一つになり、修法（祈り）の目的を達成する。それは時と場合によっては天に礼拝の対象を向けることも多い。古代からさかんに行われた雨乞《あまご》い・請雨は、農業の五穀豊穣を祈る、国家的ともいえる代表的な密教の修法である。

京都の小野に拠点をおく醍醐寺流では「請雨経曼荼羅」が使われる。しかしその他にも、広沢流の「孔雀経曼荼羅」がある。『覚禅鈔』や『三代実録』によれば、請雨は、貞観一七年（八七五）空海の高弟真雅僧正《しんが》が京都・神泉苑で「大雲輪請雨経法」を修し、雨乞いを行っている。真雅の着目といい、雨乞いをさかんにした仁海《にんがい》の手法といい、一二世紀頃は雨を降らせるための懸命の手だてを講じていた。

現存する数少ない白描の「請雨経曼荼羅」は、大海原をどこまでも続く波間の中に、釈迦如来坐像（中尊）を本尊とする。海に、楼閣すなわち海竜王宮殿を想定して描いている。その右の観音菩薩、左手の金剛手菩薩の併せて三尊を、重層の仏殿内の正面にすえて、行者と対面させる仕組みである。ただしその前に置かれた壇上の敷《しき》曼荼羅は方形いっぱいにあり、よくみると池の中の波間を描写している。掛《かけ》曼荼羅（かべに掛ける曼荼羅）と敷曼荼羅（壇上に敷く曼荼羅）は側面からみるとL字状の構成で、正面の絵は平面の釈迦三尊であるが、敷曼荼羅から見ると三尊は池の波間より立体的に立ち上り、四隅の水瓶も立てて荘厳される。つまり二つの画面のうち、敷曼荼羅が舞台であり、掛曼荼羅の釈迦のいる海竜王宮殿は背景をかねそなえた中心である。

したがって、江戸期の茶室おこし絵図や見立ての構想と同様、今日でいう3Dのデジタル画面を起想させる。「密教アート」の立場から、こうした密教修法が野外で行われる祈りの構造とそのメカニズムを考えると、何か行者が修法行為を手中におさめたものは、なにものにもかえがたい祈りの空間、すなわち絶対的な力をともなうバーチャルリアリティーのような気がする。修法はそのバーチャルなる仮説を最終的には実像にするのである。

おそらく請雨・雨乞いは天という広大な空間と対面しながら、「雨を降らせる」という万民の願いの成果を、期日まで定めて手中におさめる。これは念持仏に近い祈りの行為である。雨乞いは、修法の中で祈願者が一生懸命に祈っていると、神泉苑の験が通じて、にわかに愛宕山《あたごやま》に黒雲が生じ、その雲にのった善女竜王《ぜんにょりゅうおう》が宝珠《ほうじゅ》をささげてあらわれる。すると予期せぬ雨が突如として降りだすという。

請雨法の修法については後で詳述するが、ここで著者自身の経験を少しだけ書いておこう。私も昔、自坊のある黒厳山の中庭の池のほとりに、大師御影とともに壇をかまえ、中央に「請雨経曼荼羅」（白描）を懸けて雨乞い修法を行ったことがある。高野山での修行を終って東寺で水村澄覚管長の許をえて、白布の段幕を張って囲いをつくり、作壇《さだん》の周辺を覆った。修法を秘すとはこのことか、とそのとき思った。作法をはじめる前に私はなまり色のどんよりとした空を見上げた。祖父の高弟捨多利師がそっと近づいてきて、請雨経を読経するタイミングを指示した。「大雲輪請雨経法」の経文は、それほどむずかしいものではないが、読みや発音の大部分は、小野醍醐流にくわしかった祖父戒善に師事してそれまで研さんをつんできた。その成果を示したのがこのときであった。

その自坊での雨乞いは、その日の夕刻までかかって三座続けて修し、やっとのことで降雨にめぐまれて夜中まで雨が降り続いた。修法のとき目の前にある「請雨経曼荼羅」を見ながら、つくづくこんなふうに思った。それは、雨が降るか否かは確信がもてないが、読経が進むにつれて中央の釈迦如来の両目を見ていると「真実は自分の意志で、覆い隠すものだという感覚がある」ということである。私自身、釈迦如来の姿にすがる思いが、実はあった。どうしても雨をよび、私の身体にその力を引きつけるという思いであった。雨はこの天空にたしかにある。下方に描かれている二竜王の坐像にすがる思いで釈迦の真言をとなえ、本尊の名とともに別の呪文もとなえる。数珠を何度も何度もすりながらとなえる。

それと見逃せなかったのは、何十種類も一度にたく焼香の匂いだ。この「におい」はつきつめれば、人間の肉体そのものの「におい」である。これを頼りに雨が降るという確信のシグナルを得ることができる。それは敷曼荼羅に示された、四隅に立てられた瓶の水の力によって、大海原に水をそそぐ。横には空海に見守られるように、弘法大師像（御影）

を掛ける行者が八種の香を壇上にそなえ、その香を入れた容器のふたを開ける。無限に広がるまったく異質のにおいは、大地のにおい、大空のにおい、山の木々のにおい、すべてのにおいを網羅している。それはかぐわしいちょっとロマンチックな感じもするし、「クサイ」いやなにおいでもある。これが渾然一体になっている。

香は「鼻で嗅いで知る物の気《け》である」たしかにそんな気がする。今まで幾多の修法を行っていながら、このにおいは横目でみて通りすぎていたように思う。こうして立ち止まって考えることはなかった。でもこのときは立ち止まって考えた。行者が用意した香の中に、この大空のもと、それも見えない空間の中の極秘の通路を見つけて、天と地を結びつけ雨を降らせるという答がある。人間の「におい」、これをつきつめることによって天から水をもたらす。一方で雨の水という清浄な自然の宝ものを天からいただく。

空海は天長元年(八二四)に神泉苑で始修したが、これは中国から帰朝してから約十八年後のことである。雨乞いを空海が行うということは、国家と密教を結びつける重要な行為であったに違いない。しかもそれを、たった一回で成功させなければならなかった。

この修法を重視したのは、実はもう一つの理由があった。それは、雨を降らせるのは、馬頭観音の力によるという江戸時代からの伝承が四国にあるからだ。雨乞い修法が終ってしばらくして、自坊へのお遍路さんが、途中の古い遍路道に、江戸期の馬のお墓があると

四國遍路御守護

言い出した。そのいわれは「四国遍路第三番金泉寺から第四番大日寺の間に愛染院（奥院）という所がある。そこに寛永年間にさかえた旧遍路道がある。道脇には行き倒れの人や馬頭観音のお墓が点々としている。江戸期から明治初期まで馬も遍路の足となっていた」というものである。

これは何らかの供養が必要だとおもい「馬頭観音・弘法大師像・厄除け不動・雨乞い不動」を描いて護符とした（右図）。この絵は護符であるから、弘法大師の「御影」と「不動明王坐像」は版で彫り、朱印（色）として左右三ヶ所ずつ押している。これを折りたたんでお遍路さんに護符として配付した。父隆城によると江戸期の見雄《けんゆう》（大日寺中興）がこれをひろめたと伝えている。「密教アート」は、こうした護符のたぐいは、後に納め札ともなり実用化されていた。私はたまたま仏画を描いていたおかげで、その護符を下描きし、版におこしたのである。

†一字金輪曼荼羅

平安時代後期の高野山には、密教図像の研究に熱心な学僧、常喜院心覚《しんかく》がいた。その心覚は晩年に収集した多くの図像を編纂して大部な図像集を編纂した。のちに『別尊雑記』五十七巻として、まとめられたが、この中に「一字金輪曼荼羅図」というものがあり、仏頂如来という仏の図像集としては完備した書物である。

私は九歳のときから仏画を描いていたが、大学を出てしばらくしてこの絵を佐和隆研先生と共に京都の寺院資料調査ではじめて拝観した。曼荼羅の中央には、智拳印を結ぶ一字金輪像（大日金輪）が描かれ、その周囲には転輪聖王の七宝（輪宝、象宝、馬宝、珠宝、玉女宝、居士宝、主丘臣宝）と仏眼仏母像が配置されている。中央に真赤な円があり、その中に金色素と白色の肌色で描かれたちょっとシュールな感覚をもつ画面に魅せられた。と同時に密教画に秘められたエネルギーを感じた。私は七宝の細部の彩色やかたちを入念にメモをとり、さっそくこの曼荼羅を自宅の画室で再現すべく描いてみた。中央の上方から青白い象宝（正面からとらえた象）が、ある空間（虚空）をつき破って白い雲すじをなびかせながら降りてくる構図になっており、それが興味深かった。

「一字」といって何かを表現しようとするやり方は、文字から「かたち」が生れることを意味する。『性霊集』（第一巻）に「男女もし能く一字をたもてば」とあるように「一字金輪曼荼羅図」のつくりかたはそのさとりの境地を一字に託して仏を表現する手法とする。一字で表わされた「言」が突如として仏像の姿に変身して現れる。両手に智拳印を結んで瞑想的な大日如来が涌出するようにドカッと眼前に現れる。この仏、大日金輪はその一字を智拳印に象徴する。周囲に宝石のようにちりばめられているのは、言が仏と化す一瞬のあいだに現れる、七つの宝である。
古代インドの神話では、金輪は全世界を統治する理想の王を意味し、その王の即位の際に天より光明輝く輪宝を得るという。そしてこれを回転させることにより、武力ではなく正義との想いのみで、世界の人々の心の中に平安と安らぎをもたらしたとされる。『長阿含経』などは、釈尊誕生のとき父王が占わせたところ、この子が王となれば転輪聖王になると予言されたと伝える。平安時代の心覚の『別尊雑記』には馬と象がそれぞれ雲に乗っている姿が描かれるが、そばに小さな岩があり、そこに長寿のしるしとしての一本の竹が描写されている。密教の仏画はいずれもこうした超現実的（シュールレアリスム）なものと、現実（リアリズム）のものとが、うまく融《と》けあって出来ている。

この曼荼羅を自宅で仕上げて何日かたったある日、私は画面の中から馬や白い象が飛び出していく夢を見た。これらの馬や象は、いったい何処に行ったのだろうか。絵が仕上って彩色筆を離したとたん、描かれたものは命を帯び手元からすぐ離れてゆく。ただ私の夢はいつも就寝前の研究時間の果ての続きが多い。つまり現実の思考していることと眠りに入ってからのイメージが続いてゆくのである。

この「一字金輪曼荼羅図」はさらに昔、金沢文庫勤務のかたわら、文庫近くの釜利谷の画室で線描きだけを仕上げたことがある。それだけに私にとって思い入れの深いものである。また一字金輪は図像学的には、金剛界大日如来を仏頂如来と称したものである。真言宗より天台宗で信仰の対象となる仏である。空中にふわっと浮んでいるような姿は、悠然とかまえたお釈迦さんのように生きている。大日如来が最初の三摩地に入った直後に説いたとされる真言「ボローン」は、時がたつにつれて人格化されて仏尊「金輪《きんりん》聖王（転輪《てんりん》）」となった。そして後にこの聖王は地上に降り、仏眼仏母と融合する。『愚管抄』を書いた慈円すなわち慈鎮（一一五五―一二二五）和尚は、『夢想記』の中でその二つの仏、一字金輪と金輪聖王が仏眼仏母という男性的原理と女性的原理の合体を天皇と皇后の姿（存在）と仮想する解釈にあてはめて表現している。アートは、ロマンにゆだねられた、この一瞬を、実に幻想的な風景として提示している。

中世における「密教アート」の特徴は、空海いらいの両界曼荼羅の主たる二つの大日如来が、姿は同じなのに智拳印（金剛界曼荼羅）と法界定印（胎蔵界曼荼羅）で区別された図像で描かれている点だ。一つの形がもう一つの形の機能を相対しているのである。大日如来は釈迦如来のもう一つの宇宙的存在を有する存在の上に、さらにもう二つの別の役割を内に秘めている。

この二つの対立概念は、平面の図像で表現するとなると、やはり二つの画面を必要とする。立体の彫刻でも、胎蔵界大日、金剛界大日と同様に二つ別々にあらわされる。ただ曼茶羅から独立して単独で表現するとなると、圧倒的に彫像では金剛界大日の方が多い。曼茶羅は日本では両界とペアで流布しているが、チベットでは金剛界系曼荼羅が主流で、彫像でも金剛界大日の方が多い。西チベットのラダックから六〇キロメートル東にあるアルチ三層堂壁画の「金剛界曼荼羅」。これは獅子座に乗った四面大日如来像である。その理由は、インド後期密教の形成過程でヴァジラヤーナ（金剛乗）の教義が流布したことに要因がある。

曼荼羅を描く行為と表現手法の根本には、個人の資質が反映されるはずであるが、表現法技術は個人技の中に今なお大小の差はあるが伝承・伝統芸術として生きている。曼荼羅画法の表現手法は日本もチベットも細密画の技法にゆだねられている。

「一字金輪曼荼羅」は三つの画面のタイプに分けられる。ひとつは、叙景的な岩場の段々の上に本尊がまつられているもの。次に八葉蓮花の花びらの上に七宝を配置し中心に金輪仏頂如来をおくもの。奈良にある南法華寺本がこれに該当する。最後に、叙景（自然の風景）を背景に七宝を雲にのせたりただ風景の中に金輪仏頂を大きく円相（日輪）内に入れて描くものなどである。平安―鎌倉時代にかけてのものは、その日輪内に三鈷をくわえた七頭の獅子が正面を向いてうずくまっている。

一字金輪法では真言行者は、まずそこに目線を合わせたのち、中央の金輪仏頂の顔相に対峙して観念をうつし入念に祈願する。そして祈りのきわまった状態で、如来の胸中に結ぶ智拳印に金輪仏頂の真言を集中させるのである。一字金輪法は諸尊の曼荼羅中、もっとも仏頂（仏の頭部）に主眼をおき、その真言に願いや意味の数々を昇華させる。その意味では正面より諸尊法中もっとも仏と一体感をもって集中しやすい修法である。そのために「後七日御修法」では、最後に種子（梵字）「ボローン」という一字を何回も唱えながら、祈りがすべてにその功徳がつながるよう、願い声を低く発声する。

　叙景の構図をもつものは心覚編著『別尊雑記』仏頂部に例が載っている。図像は、一字金輪尊で線画（白描）で描かれているが、この構図は大仏頂尊の場合と類似している。岩山を段々につくりその上に七宝を雲にのせてあらわす。

　この修法は仏頂尊と同等に七つの宝物にも祈る。その場合、配置される七つの宝物は、輪宝、珠宝《じゅほう》、象宝《ぞうほう》、馬宝、女宝、主蔵神宝《しゅぞうしんぽう》、主兵神宝と呼ばれる。祈る宝物の中味は、実は金剛界の金剛因・金剛光・金剛宝・金剛愛などの菩薩像をあらわしている。このことから七宝は、画面の中であっても装飾の美というより祈願の対象となる美である。したがって個々の美はシンボル化され、宝石と同等の価値感を提示している。

　この修法は一字金輪（本尊）・十二天・聖天・護摩の四つの壇をかまえる。そして止南・除病・延寿を目的とする息災法で祈る。画面も魅力的であるが祈りも神秘的である。

叙景の画面はエコロジーをふまえた構想を有しているので、むしろ自然とともに祈りが頂天に達するほどその中に没入してゆく傾向をもつ。唐時代の不空訳『一字仏頂輪王経』（異訳）によると除厄を目的とする一字仏頂輪本の呪文の功徳や画像法（描き方）、成就法（修法の方法）、供養法（供養のやり方）、護摩法（ゴマ供養の方法）が詳しく説かれている。一字金輪を本尊として除厄を行うというのは、今日では想像もつかないが、この金輪仏頂尊が、今日でいうエコロジーの諸要素と対話し、そこから具体的な「かたち」や「色彩」を見出す力、あるいは構成の創造を可能にしたのであろう。

目の前に掛けられる別尊の曼荼羅は叙景を基本にしているが、真言密教が現世利益を追求すればするほど、画面全体は抽象的といってよいほど幾何学的な画面を対比させるという傾向が強い。なにか華道の極意に近づいてゆくようにもみえる。たて、よこで仕切られた構図の中に蓮花の花びらを大きく描き、その花弁の一つ一つに七宝を描き込んでいる。そしてなおもう一つ余分に仏眼尊を描写し、八宝とする。坐像の仏眼尊に輪宝、珠宝、象宝、馬宝、女宝、主蔵神宝、主兵神宝を加えて八宝、すなわち八尊構成とする。この八つは、叙景の中に方位も示して置かれている。ここには、自然の草木の力をかりて、さまざまな願いを達成しようとするもくろみが、ありありとうかがえる。

また八つの中に神宝が三尊組み込まれているのも特徴である。ただし仏眼尊をのぞく七宝は、極楽浄土をかざるものとは別で、転輪聖王《てんりんじょうおう》が持っている「すぐれた能力（智恵）を有する宝物」である。その七宝ゆえに、一字金輪法は敬愛法、息災法によって四大州を治める転輪聖王（インドの理想的な国王で三十二相をそなえているところから釈迦と同一視する）の無限の神秘的な力も加わるとされる。

七宝の最初に位置づけられている「輪宝」は、その象徴である。この名は正式には「転法輪」といい、仏が最初に説法した故事をたたえ「初転法輪」という。ところが「輪法」という法具は、「三種の神器」が力の在所になっているのと似ており、政治的な力の宗教的なシンボルとなっている。

いずれにせよ一字金輪に該当する構想の出どころは古代インドにある。転輪聖王が、金銀銅鉄の四種の消えない鉱物を、古代インドにおいて「四大州を治めるという」政治支配の権力構造におきかえている。日本でも平安―鎌倉時代、貴族階層のあいだで一字金輪が特別な信仰を生み出した背景には、そうした社会の権力構造が四宝にあやかるという背景があったからだと考えられる。

†大仏頂曼荼羅

ところでこれまで述べてきた七宝ないし八宝は、「一字金輪曼荼羅」のモチーフである。

この曼荼羅と表裏の関係にあるのが、「一字金輪曼荼羅」のもう一つ同じタイプの「大仏頂曼荼羅」である。むろんこれも構図や七宝などのあつかいかたは、一時金輪ときわめてよく似ている。

一字金輪曼荼羅は祈りの対象が息災・増益・安産・延命であるのに対して、大仏頂曼荼羅は息災・増益・滅罪であって、祈願と救済の対象がややせまい。安産と延命が一字金輪には付加されていて、一字金輪曼荼羅は金剛界大日と同じ印相（智拳印）を結んでいる。と同時に、一字ボローン（梵字ボローン）は人格化した位置づけで仏頂曼荼羅の中でも最高の如来である。ゆえに大仏頂曼荼羅と同様であるが、祈願記録をみると、どちらかといえば一字金輪曼荼羅は女性に熱心な信者が多い。それは、一字は生命・「いのち」の象徴だからである。つまり光を求めて光の生命を宿しそれを「生み出す」ものである。それゆえ祈りと相即相入するからだろう。この仏には暗黒の中から生命をよみがえらせる力が内蔵されていると考えられる。

建久六年（一一九五）三月一五日、宜秋門院着帯《ぎしゅうもんいんちゃくたい》（お産のためのはら帯《おび》）にかかわる大仏頂法の修法中に、醍醐三宝院勝賢が仏頂曼荼羅を掛けて行ったところ、その効果を達成した旨が『御産部類記』に記録としてある。

†別尊曼荼羅の可能性

人間は自然とともに生きている。いつも自然の不思議な力に驚き、畏敬の念をいだきながらその世界の中にいる。そして大自然という宇宙もふくめた広大な世界の中で、人間は、ある力に生かされながら、今日にいたっている。空海は自然をよしとする社会（この世）をあらゆる面で是認し、密教の理論と対話させるような視点で「生かされて、生きる」ことをなによりも大切にした。この思考ははなはだ人工的ではない。

空海は、この環境の中に、人工的な曼荼羅を持ち込んだ。それは平安時代に始まり、自然と曼荼羅が手を組むことにより、人間の気持も見事にその中にとけこむことになった。密着することによってはじめて、救いの確かさを見守ることができる。

この理屈を絵にあらわしたらどうなるだろうかと考えていたら、「四種護摩本尊」の不思議な尊容にぶつかった。それが「大力神《たいりきしん》」という坐像の神像である。開脚して、しっかりと山をかたどった盆栽の陶器をじっと見ている像容である。不死の法を修した神変自在の法術をもっている仙人を重ねあわせて神格化している。

すでに述べた請雨の修法は、不老不死の境地をきわめることを肝心としている。それで雨をもたらす生れかわりのような「大力神」を写しとり、墨線で描き、木版で再現したの

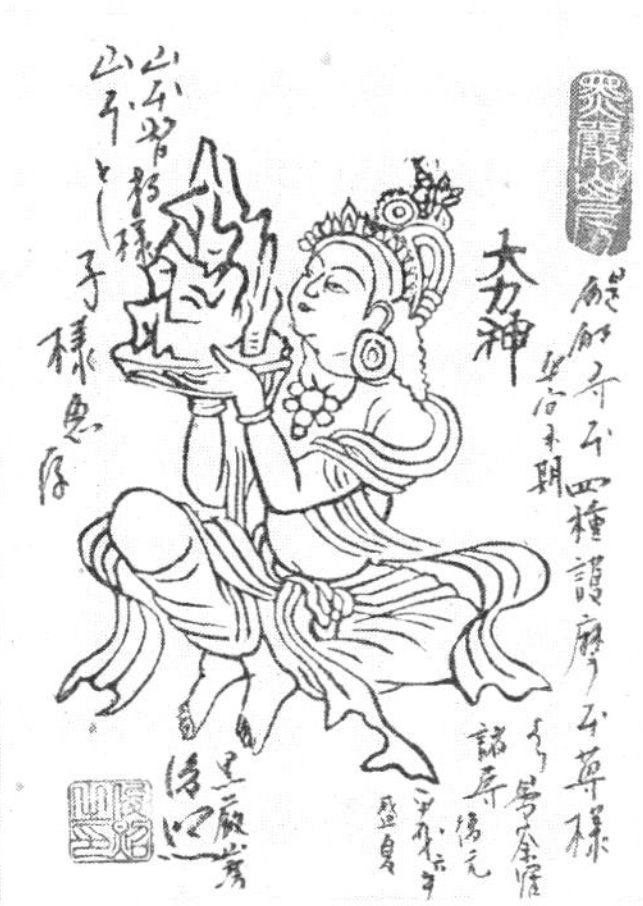

である。また「不老不死」とは道教の用語であるが、現世では、「不老不死」を讃える仏が必ずいる。黒巌山大日寺の場合は、「飛天《ひてん》」である。私は毎年、お盆に際して地元の新町川の「灯籠」流しに寄与している。灯籠そのものは紙で六角形につくり、台になる蓮台も紙で切りぬく。六角窓は一五×八センチの「たて窓」が六面に各々ある。これは画面として、二つの天女が下段は舞い笙《しょう》を吹いている。そして盆に花を盛っているものから左手でそれをつまんで散花にする場面を描く。池の下辺には蓮花が咲いている。白雲に乗って

優雅に二天が大空を舞いおりてくる。このお盆の日にだけ、亡き人は必ず身内に会いにやってくる。「笙」の美しい音色が灯を流す人の目をとらえる。笙というのは長短一七本の竹管を環状に立てているが、このうち二本は無音である。楽器の頭にある吹き口から吹き、または、吸ってかん高い音を鳴らす。単音だから遠くまで聞える。きっと死者の霊にも聞えるに違いない。

灯籠の中の天蓋《てんがい》はとなりの窓を描いた中に蓮台とともに配した。ここは天女が休息する神聖な座である。そこには灯籠を流す人の心によって大日如来を出現させるという意味が込められている。この「灯籠」流しは毎年、新町川を何千という数の灯がうめる。二〇一五年はくしくも弘法大師が四国霊場を開創して一二〇〇年という記念の年にあたる。夏のお盆も四国各地の川で灯籠流しがさかんに行われる。この「灯籠」に描かれた天女も別尊曼荼羅の一部、天部の一尊である。「密教アート」では、表現の手法はどうあれ、多くの人が共感をもつような本尊を描かなければならない。

3　作画の技法と作法

仏画を描くときにはどんな画材すなわち紙や絵具を使っているのか。紙のことや、絵絹（絹本《けんぽん》）、絵具について書こうと思う。

まず、写仏も仏画も描線は絵絹、和紙ともに墨線で仏像の輪郭《りんかく》を写しとる。そこに彩色《さいしき》するアートである。像容は複雑なものから単純なものまでいろいろあるが、曼荼羅のような複雑な仏画からみると、写仏の対象はいたって単純である。したがって、初歩的な写仏と絵画的な仏画とでは、何に描くか、どんな画材を使うかで、おのずから違ってくる。和紙以外の絵絹の場合は、糸の太さと縒《よ》りに細心の注意をはらう必要がある。

私の場合、写仏は紙に描くことが多く、仏画はほとんど絵絹に描いている。写仏の紙は、九〇×六〇センチぐらいの、薄い美濃紙《みのがみ》を使い、表面にドーサ引き（明礬《みょうばん》液を薄めて塗布）して、下絵模写がしやすいようにしている。

いっぽう、絵絹は取り扱いに注意しなければならない。というのも、衣料用の練絹《ねりぎぬ》と違い、絵画用の絵絹は、タテ糸よりヨコ糸のほうが織りが弱いため、どうしても縮みやすいからだ。

縮みを防ぐためには、木枠《きわく》に絵絹を張ってからドーサ引きし、作画に取りかからなければならない。ドーサが乾き、絵絹がピンと張れたら、裏面に仏像の墨描き下絵をあて、表から仏像の描線をなぞる。全体像ができたら、顔料《がんりょう》で彩色するわけである。

絵絹と同じレベルの紙は、高級な雁皮紙《がんぴし》である。これらは発色がよいため、絵巻物、障《しょう》壁画《へきが》、屏風絵などの仏画に使われている。さらに、絵具も、写仏と仏画とでは違っている。写仏は顔彩《がんさい》、鉄鉢《てつばち》入りを使うが、仏画では顔料（岩《いわ》絵具、水干《すいひ》絵具など）を用いている。

ところで、顔料では忘れられない思い出がある。鎌倉時代に使われた顔料の再現で知られる、いまは亡き林功《はやしいさお》氏（日本美術院院友）と一緒に、横浜市の称名寺《しょうみょうじ》にある弥勒金堂《みろくこんどう》壁画《へきが》の模写をしたときのことである。

林さんとそのグループは二年の歳月をかけ、「称名寺弥勒来迎《らいごう》壁画（表）」と「称名寺浄土壁画（裏）」を描いた。弥勒菩薩《ぼさつ》が五六億七〇〇〇万年後、釈迦に変わって、あの世から雲にのって降りてくる様子を描いたものだが、空の群青《ぐんじょう》、衣の緑青《ろくしょう》や赤色の辰砂《しんしゃ》、鎌倉朱赤口《しゅあかくち》、古代朱、黄土といった、林さんが再現した鎌倉時代の豊かな彩色に、私は圧倒されてしまった。ところが、その林さんは、諸寺院の仏堂壁画を研究していた中国へ行き、そこで交通事故にあい、帰らぬ人となった。林さんが再現した顔料を使った私の仏画を、ついに見せることができなかったのが悔やまれる。

さて、仏像・仏画が完成すると、その新しい像に「目を入れる」作法と儀式が必ず行われる。それを「開眼作法《かいげんさほう》」あるいは「新仏成就開眼《しんぶつ》」という。平安時代末期の『中院流作法集』第四巻に天台宗山門派の家親僧都《いえちか》の記述としてこれを伝えている。

新像ができ上がるとこれを台の上に白衣でくるんで安置し、その前に経机を用意する。卓上に香花供具（香炉を中央に六器）を配置し六器等を置く。阿伽器《あか》に浄水を入れ、それを加持する。ただし、多くは脇机の灑水器《しやすい》をもって加持する。これは造像・絵仏師が僧（真言行者）に開眼供養式を依頼する場合も同じ。場所は新像を安置した本堂などで、既成の壇上でこの儀式を行う。灑水・浄水の加持が終り、開眼式の準備ができると識衆等が入堂して、壇上の香花や供物を加えて散杖《さんじょう》し、灑水も入念に加持する。このとき、散杖とともに新しい筆を用いて次の偈を誦（口でとなえる）して、像顔相（面上）に向って発声する。

4　秘仏

秘仏とは仏像を秘すことの意であり、普通、なかなか拝観することのできない非公開の仏像、仏画をいう。主として寺の本尊が対象となっている場合が多いから仏像（彫刻）が大半であるが、仏画でも善通寺（香川県）所蔵の秘仏「目びき大師（弘法大師画像）」（善通寺御影《みえい》）のような祖師の姿を指す場合もある。「秘す」というイメージからすれば、安置されているところは、金堂など仏堂の奥まったところの内陣の厨子の中ということになろう。

ところが秘すべき理由「この仏はどうして秘仏なのか」、と寺の住職に聞いても明快な回答は得られない。

法隆寺夢殿の秘仏「救世観音」が、アメリカ人アーネスト・フェノロサと岡倉天心の懇願によって千余年の闇から目をさますように開扉されたのは有名な話だ。奈良期からここの扉はあけられたことがなく、像は明治まで厳重に布帛で覆われていたという。フェノロサは初めてこれを見たとき観音像の金色が他の彩色とともに見事に残っていることに目を見はったという。それほど造像当初の姿に近かったのである。

この当初の状態を秘す、ということと、それを初めて見るということとの脈絡を考えると、法隆寺の「救世観音という仏」の存在と秘されてきた長い年月の時間の中で育まれてきた何か熟成される発酵体のような、つまり別の秘された生命に変る力が存在するのではないか。私はそんなように考える。仏像の形態は変らないが、それは像容の彩色等の中にもすでに宿っている。それが開扉と同時に見る者に卒直に「かたち」と「いろ（色）」が伝わると同時にみるみるうちに崩壊してゆく。坊さんはこのことを知ってるから開けたがらないのだ。

しかし、もと高野山大学の教授であり霊宝館長であった山本智教博士は、まったく反対の解釈をされている。「朱色は百年ごとに、群青は二百年ごとに秘せば秘すほど深味をおびる」と熱弁をふるわれたのをおぼえている。

この背反の仕組みを考えたい。『法華経』普門品の所説によると観音菩薩は衆生を救済するため三十三に変化するが、そのさまはよく絵画化されることが多い。仏身の変化の力やコトバで言いあらわせない「秘」は、何か関係があるように思う。その変化観音は慈悲

（カルナー）をほどこしながら人々の救いに対応する。また秘仏はそうした東大寺二月堂の「十一面観音（二軀）」や長野の善光寺の「阿弥陀三尊」のような「絶対秘仏」と開扉の時期を定めている（何十年に一度等）ものに分けられる。さらに短期でも他見を許されない「聖天さん」（歓喜天）の単身像・双身像がある。これらは修法の力以上の絶対的な仏の真意を想定させる。

「密教アート」の視点で見なおすとどうも絵画とか、彫刻とかの対象だけではないように思える。単に仏すなわち仏像を対象とするなら簡単だ。秘すのではなく密教の範疇に仏格を位置づけて考えれば考えるほど、仏像をともなう祈りの空間とそれを祈る修法そのものを僧の側では一体として考える場合が少なくない。

例えば秘仏に多い十一面観音の場合、密教化すればするほど加持《かじ》祈禱の本尊十一面千手観音としての呪術性が強くなる。したがって祈りを通して十一面の観音の力が強くなることは、信仰対象としてのニーズがひろがることを意味している。そのニーズの根拠を現世利益の「功徳」（グナ）のたまものと解釈すると、利益《りやく》が増大する。

利益が大きくなるためには観音に何を求めればよいのか。密教では善行のつみ重ねを一歩すすめて、祈禱の側からの加持力と三力《さんりき》を組み合わせて三力加持すなわち「功徳善根力」を観音に投ずることになる。すると善根力は観音の根底にある三力と結合しつつ予想しえない力を発揮するといわれている。

その昔、玄奘三蔵は中国の唐時代に『十一面観音神呪心経』を読誦した。それが終ったのち、この経により、すべての病をとりのぞくことができる。その他にもすべての災難からのがれる、不横死など十種の難から離れる、と同時に死の寸前には仏を見ることができる、極楽往生できる、などの功徳がある。牢獄へ入れられたとしても、そこから救われるという。いずれにしても観音の功徳ははかり知れない利益がある。

秘仏の御利益は、その功徳が増大するように秘して祈り込む方が、功徳もさらに増大する。霊像を生み出す霊木は「御衣木《みそぎ》」加持の次第（称名寺蔵、金沢文庫保管）にも示されているように、総て修法行者の祈りによって力を発揮する。いいかえると秘密裏にその霊木には超能力が宿っている。しかし、開扉しておがむことにより秘仏は秘仏でなくなり、等しいレベルの神秘的な力が何らかの作用によって付加されるのである。しかも祈る行者も功徳を授けるだけでなく（あるいは反対に功徳をいただくだけでなく）密教の相互の礼拝（仏と我）の関係において無限の力がここで成立するのである。

真言密教では秘密（グフヤ）は秘奥であって見えないというが、そこで「秘仏」を成りたたせる要因として仏も秘密を背負っているとみる。すなわち、衆生の秘密、如来の秘密の二つである。これは空海の『弁顕密二教論』の所説であるが、しかし秘密は煩悩に覆われていて見えない。なぜ見えないのかというと、人が真の仏を見る場合はともかく煩悩をとりのぞかないと本当の仏の姿は見ることができないからだ。おがむ側の心がすっきりしていないと仏像の本当の姿にまで迫れない。これは秘仏でなくても同様のことがいい得る。「仏像」や「神像」それ自体は、仏の側からみれば、どんな礼拝対象であっても常に秘されている。秘されたものを自力《じりき》で祈ることによって「仏さんのこころ」をひらくのである。

　次に仏像に真言・陀羅尼を唱えて、仏さんと対話することによって功徳を生むことになる。とはいっても特殊な「ことば（呪術的な経文）」を像容にあびせるだけで、話ができるのか、というと、そう思わない人が多いが、対話を前提にした仏像には、人間と同じように「眼」がある。これをじっと見つめながら真言をとなえ続ける。すると心《こころ》すなわち意が通じるのだ。「密教アート」からみれば、身《しん》（からだ）・口《く》（ことば、真言・呪文）・意《い》の三《さん》密《みつ》を通じて意（こころ）が通じるか、通じないかは秘仏の場合、大きな問題である。しかし客観的に秘仏を位置づけるとなると、秘仏を見るだけにとどまらないはずである。奥に秘仏があって、それをさえぎる閉じた扉がある。そしてその前に礼拝者・人がいる。人はそれを祈ることによってその「秘」をつき破り、「かたち」（絵や仏像）におきかえて見えないものをつかむことになる。

第二部

実践する密教アート

生活のなかの密教・加持祈禱

四国遍路のお札

1 「密教アート」と身体論

「密教アート」の本質的な問題は、身体の構造（メカニズム）との対話である。本質そのものを構成している理論（空海の教えに通じる「教義」）は、専門的にみれば、アートの美すべてに当てはまると考えられる。それは礼拝対象としての仏像・仏画・工芸品・書跡などの作品ではあるが、密教にかかわる真言行者（阿闍梨）は、それらをつねに身体を意識して創造して制作しているということである。

最近はやりの書道のパフォーマンスなどは、全身を使って大きな筆で書いている。きわめて密教的な行為をともなっている。墨をたっぷりつけて大きな紙や布に気合いをいれて、一気に書きあげる。まさに全身全霊をもって墨の力をよびおこす。書家、井上有一の前衛的な書の数々、三輪田米山の魂が天外にまでおよぶとされた天衣無縫、自由自在な作品を見ていると、書写書法の手の動きの中に身体全体を感じる。私にはこれが、実に密教的にみえる。亡くなられた榊莫山さんは弘法大師の書に近づいた一人であるが、これも自由な筆法の中に「密教アート」の書の真髄を見出すことができる。

ここで、「見る密教美術」と「おがむ（礼拝及び祈念）美術」の違いを考えてみたい。博物館・美術館の展示ケース内の仏像・仏画の場合、観覧者が「美しい」と感じる実感は、少なくとも途中までしか行きつかないのではないだろうか。かつて博物館に展示された不動明王を見たが、不動そのものがもっているものすごい迫力と威厳は、どこかに消えてなくなり、大きいことといかめしい表情だけが印象に残った。

それから半年ほどたって、それを寺院内の現物に再び訪ねてみたら、ケース内のものとはぜんぜん雰囲気が違っていた。問題は、密教アートが成りたつはずの作品は、こうした美術館・博物館のケースの中では隔離されてしまって、力強いはずの礼拝対象の秘密めいた存在感が少なくともはぎ取られている点だ。コロッケやトンカツの中身の肉やジャガイモを食べずにコロモを食べるようなものだ。考えれば考えるほど重要なものが抜けおちているし、中身を想像して見ようといったところで、それは難しいのではないか。密教アートの基本的な概念が金胎両部で成りたっていることを考えれば、二つの対立概念である金剛界と胎蔵界はつねに一体であるのだから、密教アートの「秘密めいた味」融合の感覚は現場でしか受けとめられないのではないか、と強く感じるのである。

「秘密めいた」という用語に注目して、もう少しふみ込んだ解釈を考えてみたい。私はこの答えが両部神道の中に提示されているように思う。むろん完全ではないが、大師流（空海）における神道という習合形態の性格を考えることにより、神と密教（仏）が結びつくメカニズムを分析せざるをえなくなる。私はそこにあいまいさを見直す答えを求めようとした。

両部神道は学生時代、高野山大学で久保田収教授にならった。大学二年のとき毎日、淡々と講義されるお人柄に引かれたが、とくに伊勢大神宮の内宮と外宮がそこにあるという説明は、今なお、私の脳裏に焼きついている。その内宮と外宮が、密教の胎蔵界・金剛界の両部の大日如来の「かたち」の中に、垂迹《すいじゃく》するというものである。

垂迹、つまり「仮りに」姿を現わすこと、もう一歩すすめて「本地垂迹《ほんじ》」のことをいう。「本地」とは、超歴史的な本体（想像もふくむ）が、歴史のあるこの世の世界に出現することと。いいかえると仏あるいは菩薩が、人々を救済するために現実の歴史の中に姿を現わすことであり、その考え方の淵源は、中国の儒教思想にある。

しかしここに空海を介在させると『大日経』の所説である「本地身《ほんじしん》」と「加持身《かじしん》」の関係の中で成立したとみる解釈が有力である。本地身はすべてのものの存在と生成のためのよりどころとなるもの。その根本には密教の仏身説がある。これが「秘密めいた」ものの正体なのだ。

本地身は、具体的には毘盧遮那《びるしゃな》如来という仏の実相身《じっそうしん》をもってあらわされる。「実相」とは宇宙のすべての無限の存在にかかわるものを見通した「すがた」「かたち」である。つまり名もない雑草も河原の石ころもすべてである。人間自身の側から見きわめようとする。その場合、いかに自分自身の本当の実の「すがた」が曼荼羅の中心、大日如来に同体化しうるかを判断することになる。「密教アート」では、全身全霊をもってすることにより、その両者を同体とみることになるのだ。

「加持身」については次章で見ていくことにしよう。

2　密教と加持祈禱

空海が中国から伝えた密教は、のちに真言密教（真言宗）となり、教団を形成し発展していくが、その重要な実践行為の一つに加持祈禱がある。例えばこの肉体・身体をむしばむ病気は、人間が生きてゆくための最大の障害であるが、これを取り除いたり、すみやかに回復させるための病気平癒は、ひろく「病気加持」とよばれて、その不思議な力は根強く信仰され、今日なお生きている。

また国家鎮護を最大の目的とし国家の安泰を祈る「後七日御修法」は、加持祈禱というにはあまりにもスケールの大きな修法であるが、これなどは毎年正月あけ（後七日）に真言宗の主な流派（十八本山）がよりすぐった役僧を選出して、空海いらい脈々とその法灯をたやすことなくうけつぎ、儀式の形式も変えずに続行している。

またもっとも庶民に浸透している祈禱、すなわち安産のためにお腹に白布を巻き母体の安全を祈る「帯加持《おびかじ》」などは、一昔まえまで家庭の中にむしろ習慣的にあった日常の行為として、地方に根強く残っているものである。このように加持祈禱ということばは意外にひろく流布しており、おぼろげながら知られていたが、この宗教行為は秘密裏に行われていたために、その実体はなかなかつかめなかったようである。

加持とはサンスクリットでアディシュターナ（Adhiṣṭhāna）といい「加護」、「語念」の意で、もとは「支えとなる」、「上に立つ」の意味である。加は「増加する」こと、持は「任持《にんじ》（よくたもつ）」することである。

空海は加持の解釈を「加持というのは、大日如来の大悲《だいひ》（大きな救済への慈悲心。衆生に楽をあたえ、苦をのぞくこと）と衆生（生きとし生けるものすべて）の信心とをあらわす。仏日の影《えい》、衆生の心水《しんすい》に現ずるを加といい、（真言）行者の心水よく仏日を感ずるを持と名づく」（『即身成仏義』）という。

二つの対立概念がおたがいに、仲よく「応じ合うこと」すなわち、正面から両方がむきあって、たとえば「太陽の光」（仏日）にも等しい如来（仏）の不思議な力が人間の心の底（水たまり）に映ってあらわれる状態、これを「加」という。また真言行者（修行者）の心の中に、「太陽の光」（仏日）を、よく感じ取った劇的な状態を「持」という。つまり加持というのは、真言行者と大日如来が一体となることをいう。行者の行動・行為は、大日如来を体現したものとして威力をもつことになる。加持祈禱に不思議な力が認められるのは、人を介して大日如来の力にふれているからでもある。

ただこの「加持」という、両者（仏日と人々）がたがいに「応じあう」関係は、どちらかが一方的に接近して、不思議な力を人々の心水（心）に宿すというより、両方が五分五分の間隔で近づきあうことによって速疾《そくしつ》に実現されることになる。たとえば人々＝真言行者が加持の力を獲得しようとするならば、太陽の光（仏日）をただ待ち受けているだけではなく、行者が積極的に仏日に近づこうとする意欲的な修行をおこなうことが重要なのである。そのうえで、空海の『即身成仏義』にいうように、仏の大悲が衆生に加わって、その衆生の信心に仏が応じて道交（交流）し合うことを加持感応という。

このような両者の関係においては、単に感応しあうだけでなく、仏の大悲によって衆生が内蔵している宗教的素質に応ずるのが「加」である。と同時に、大悲に摂化《せっけ》して（影響をうけて）、衆生が仏の加持力をうけとめ、しんぼう強く住持する（もちこたえる）のが「持」であるという。それゆえ「密教アート」は空海がいう「即身成仏」のすがたなのである。

もともと人間の身体には、あらゆる不幸や天災・人災を避けたり、止めたりする機能が多少はそなわっている。しかしその装備された力は小さく不完全なものである。密教の加持祈禱は、行者の祈禱力（法力）により、その人間の不完全な機能を補うかたちで除災等の方向づけをほぼ完全なものとして達成するのである。生きてゆくうえにおいて、人間がいかに不完全なものであるかは、枚挙にいとまがない。「私は第六感がよく働くの」などという人にかぎって翌日、自動車にはねられて亡くなったりする。この人がもし前もって除災系の祈禱札（厄除《やくよ》け）を持っていたら、あるいはこの災難をまぬがれていたかもしれない、という悔いがのこらないこともない。

さて、密教の加持祈禱は、三密加持《さんみつかじ》を基本とする。三密加持とは何か、というと、まず

三密を内蔵している
仏（如来）
三密
［身（からだ）、口（ことば）、意（こころ）］
手に印を結ぶ
口に真言をとなえる
心を三摩地《さんまじ》に住する
真言行者
行者は身・口・意の三密行《さんみつぎょう》を実践してから加持祈禱を行う
仏（如来）＝本尊の三密と行者の三業《さんごう》
（三密実践のはたらき）が
たがいに重なり一体となる
行者が加持祈禱を可能にする
出発点となる

両手で仏にサインを送るため、印相を結び、結印《けちいん》する。これを身密《しんみつ》という。次いで、口に真言・ダラニをとなえ、仏と交信するためのことば（真言）を肉声で発声する。これを「口密《くみつ》」という。最後に心を三摩地《サマージ》に住させるため、両手で結印し、口に真言をとなえながら、静かに心を瞑想状態に置いた釈尊の禅定の姿勢をいう。これを「意密」という。

　このような三密をとおして、行者は修行の中で命をかけて、パフォーマンスとオブジェ（仏像）の接合を実践する。これを三密行《さんみつぎょう》という。つまり身（「からだ」を動かす表現）、口（「ことば」を発する表現）、意（「こころ」を瞑想の中心におく、さとりの姿勢の表現）の三つの身体表現を真言行者はおこない、自らの身体に大日如来を体現する。身密と口密は、円形○や方形□で表わされる、身体の原形をいう。これに対して意密は、形態化できないカオスのような存在をさす。

　三密の身密・口密・意密は、形態だけではなく、それぞれ行為・行動をともなうことから、身業《ごう》（行い・動き）、口業、意業ともいい、いずれの一つをとっても三密の妙行でないものはない、という。このことは身・口・意の三業《さんごう》（三つのはたらき・動き）が、大日如来に同化することを意味するから、人間はこの身体のまま成仏できるという。これを即身成仏という。

　加持祈禱では、そのうえで仏の威《い》神力《じんりき》と有限である宇宙の生命体が、たがいに感応して願望が成就されることになるのである。そのことから、目の前の仏・神を向こうに置いて礼拝対象を一方通行のように祈り込むから、そこに恩寵を願う通常の祈禱の枠組みとは、若干異なっている。真言行者は、苦しい修行のつみ重ねにより、三密行に徹した大日如来の大きな三つの力を、獲得あるいは感応することにより、宇宙生命に同化して、現世利益達成の力を認知するのである。これを俗に加持力という。

すでに述べたように、加持は仏と人間の、相互の関係において形になる素地を秘めている。「秘儀」の中で人と如来（仏）がたがいに近づき、行者自ら密教の主尊（曼荼羅の中尊）である大日如来に同化する。その同化の過程・機構（システム）において行者は、手に印をむすぶ印契（ムドラー）、真言（マントラ）の口誦、心をサマージ（三摩地）に住する、という三密行、すなわち「真言行者の三業《さんごう》（三つのはたらき）」によって、大日如来の神々しいからだ（法身＝自性身）に重ねあわせ、その中に入ってしまうように自身を同化させる。「密教アート」の根幹は実はここにある。それは行者の加持祈禱が行為（行法《ぎょうぼう》）として可能になるのは、ここを出発点にしているからである。

加持祈禱の祈りの奥底で、行者がつかんだ現世利益への超人的な力のありかは確かに存在する。それは行者の体内が感じとっているのだ。その行者自ら大日如来と同化することによって得られた未知の力は、密教では空海以来『大日経』第七巻（供養儀式品）に説くように、行者の「功徳力《くどくりき》」と如来の「加持力」と「法界力《ほっかいりき》」との三力《さんりき》（三つの力・超能力）を統合することによってのみ得られる。それによって、この三力が、いろいろな目的を祈願するための、供養《くよう》の儀式の成就（なしとげること）を導くのである。「密教アート」の目でつかんだとされる供養や儀式の形は、一瞬ではあるがバーチャルリアリティーとなる。それがオブジェとなる。また「密教アートの中にあると考えられる感性」はある意味、「三力」がのちに形態となる過程に当然のことながら含まれている。

ただし、ここで注意を要することは、密教の行者によって得られた（あるいは如来に同化して体得した）三力は、人間がさまざまな目的に対して行使する場合、時にはいとも簡単にドグマ（一人合点）に陥りやすいということである。つまり、生身《なまみ》の人間が、機械的な構造をもつロボットをスイッチオンで簡単に、しかも自由自在に動かすことができるかのような、反対の感性に陥ってしまうということである。

加持祈禱というメカニズムを通して、成立する超人的な行者の変身は、一度そこで悪用されると、とりかえしのつかない大事件を生み出してしまう危険もはらんでいる。いうならば、密教が祈りを実践することでもたらす種々の弊害は、純粋な加持祈禱のあり方より、広範囲といえるかもしれない。それゆえに社会（とくに都市・人がたくさん集まる集合地域）に対する加持祈禱の使い方は、行者にとって厳しい行使の責務が付帯しているのである。

3　鎮護国家の修法

「密教アート」的視点の中で、もっともわかりやすいのは鎮護国家の祈りである。その源は奈良時代の聖徳太子の四天王寺建立（金光明四天王大護国寺）にある。その際に教義の軌範となったのは『金光明最勝王経』十巻（義浄訳）であった。四天王寺・四箇院（敬田院・施薬院・悲田院・療病院）は、当時の社会福祉事業の代表ともいうべき医療センターである。また、奈良時代の総国分寺として名高い東大寺もまた金光明四天王護国之寺と称したことでも知られる。「鎮護」とは国家と個人の身体を対象とする。

これらの寺院はいずれも、仏教の宇宙空間上、スメール山（須弥山）上の四方に、四天王を配し国家を守護した。

ではなぜ国を護らなければならないのか。

「世尊《せそん》（仏陀）もし彼の国王、四衆《ししゆう》の経《きよう》を受持する者を見て、恭敬《きようけい》することなほ父母の如く、一切の所須《ところすべから》く皆供《みな》給せんに、我等四王は常に為に守護し、諸《もろもろ》の有情をして尊敬せざること無《な》からしめん。この故《ゆえ》に我等ならびに無量の薬叉《やくしゃ》諸神はともにこの経の流布せらるる処に随つて、身を潜めて、擁護《ようご》して留難《るなん》無からしめ、またまさにこの経を聴く人諸国王等を護念し、その衰患《すいかん》を除きて悉く安穏ならしめ、他方の怨賊は皆《みな》退散せしめん」(『金光明最勝王経』第六巻、四天王護国品)と説くように、国を治める国王やそれをとりまく四衆の庶民のうち、父母と同じようにこの経典をおがむ者たちは誰でも、すべて四王(四天王)がいつもお護りするのである。そしてなお安心をおびやかす悪い賊どもを、四天王の力によって追いはらうのだ。「父母」はこの場合、両界曼荼羅のことである。

古代インドでは、四天王は単純に王や仏陀を守る貴人の姿で登場するが、中国に伝わるとしだいに甲冑に身をかためたいかめしい武装の形に変り、日本に伝来するとさらに表情もおどしをかける怒りの様相に一変する。その「おどし」は、人々の見ている眼の前で力いっぱい邪鬼を踏みつけてみせるという形をとる。

この威嚇のしぐさは、四天王が足で縦にふみつける力を見せつけることによって成立しているが、これは人々の安穏をおびやかす目に見えない悪鬼に対しての「邪魔だ」という「けちらす音声《おんじょう》」をともなった動作と考えてよい。これが密教の祈禱の所作《しょさ》(しぐさ・動作)になると、古代インドの『アタルヴァーヴェーダ』(紀元前一〇〇〇年頃の成立)や後の陀羅尼《ダラニ》・パリッタでは、悪いものに対して「散れ、散れ」と祭祀者が小さな声で、はき捨てるように強く発することに起源がある。むろん『アタルヴァーヴェーダ』には王威を高揚する国王法が内蔵されており、これを守ろうとする修法があるのはとうぜんのことである。

つまり奈良仏教で構築された律令国家や平安時代に古代インドから継承された鎮護国家という意識は、どの一角が崩れてもよくないことであった。空海以降の密教においても、続いていた国家という集団を、「生きている巨大な生命体としての国家」とみなし、その形態を防護する祈禱は、目に見えない敵（悪）を想定しての、いわゆるリハーサルぬきに

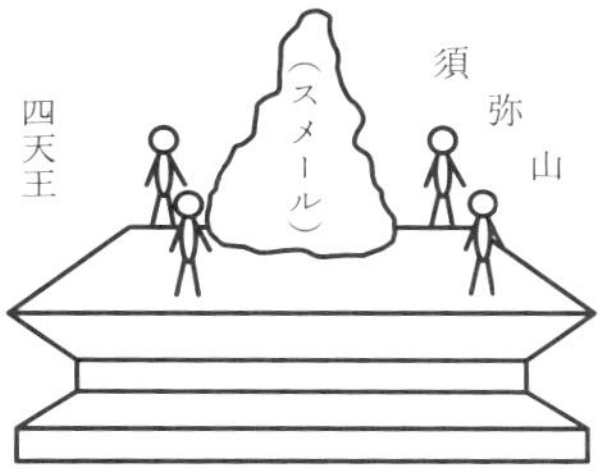

須弥壇《しゆみだん》

いどむ本番勝負だったのである。

平安時代に心覚が編纂した『別尊雑記』所収の四天王像の図像を比較してみると、四天王寺様とよばれる直立不動の四天王像が四像とも表情をあまり変えないニヒルな像容であるのに対して、その後の密教にもとり入れられた四天王像は、全身をよじり、岩座の上で見えない敵をまちうけるかのごときかまえで立っている。そして四天王として単にニヒルな顔相というより、見えない敵に対しては、生命をかけて種々な忿怒の表情に変えて処理する、という風に変ってきていることに注意を要する。

いうまでもなく国家の最大の敵は、目に「見えない敵」である。それは現代では、かつてアメリカとソ連という冷戦構造下において核兵器・核爆弾・核ミサイルを目には目をと競争生産した結果、ふたを開けてみれば自然破壊・人類の破壊、身体の汚染というとり返しのつかない因果応報の問題を抱えることになった。

密教が加持祈禱によって「目に見えない敵」と戦わざるを得ない最大の理由は、この四天王像の身をくねらせて対処しようとしている忿怒の形相にある。なんともいえない表情が物語っているのは、人間自身（それぞれの自分自身の中）の奥深くに潜んでいる憎悪のような国家の状況であり、四衆が生きることを放棄せざるを得ないような事態であり、一瞬にして生きものの生命が消えてしまうことのむなしさである。密教の鎮護国家法は人間と国家を同時にみすえている。

その最大の規模をほこるのが、仁海の創案と伝える「仁王経曼荼羅」を前にして祈る仁王経法である。

加持祈禱における祈りの対象は、国家鎮護と個別の事象に分けられるが、国家の場合は大前提として国家と天皇の安泰を願うことを目的とする。その加持祈禱の僧侶を護持僧という。密教の真言行者は、中世いらい、護持僧の性格が強い。『二間夜居記』(金沢文庫保管)などによると、天皇を守護するため御所の清涼殿(もとは仁寿殿)内の二の間に毎夜交代で一晩中籠りきり、不断の祈禱を続けるため「夜居僧《よいのそう》」とよばれていた。

護持僧の起源は、平安時代(桓武天皇)延暦一六年(七九七)に内供奉十禅師最澄が公式に公家の護持僧と任ぜられたのが始まりという。空海も内供奉十禅師として平城天皇の弘仁七年間(八一六頃)に公家御修法を修しており、これが護持僧による初例という。この時は、東寺の一つの長者(真雅や宗叡ら)と天台座主の円仁や園城寺の円珍が護持僧を勤めた。

そして宮中の信任を得た僧が護持僧として選ばれるようになったが、平安後期になると、山門(延暦寺)出の僧は如意輪法、東寺の僧は普賢延命法、三井園城寺の僧は黄不動(後で如意輪にかわる)をそれぞれ本尊として修法した。人数も当初は一人であったが、二人ないし三人、さらには後一条天皇の頃には六―七人となった。公家・貴族出身の護持僧は、栄誉の地位とも考えられるようになり、しだいに重要視されるようになった。

また『三代実録』によると、東寺第三世真済《しんぜい》が文徳天皇（八五〇―八五八）の護持僧となったことは有名である。後に後醍醐天皇の護持僧となった文観弘真がいる。護持僧の修法のうち、「普賢延命」は、天皇の病気を除くことと寿命の維持が目的である。また天変地異の難にも効能がある。それによって護国を支える修法である。さらにこれは天皇の若死にを除くのにも修されたという。修法のうち「如意輪」は、現世に菩提を得させることはもちろん、天皇の罪の意識・罪業を除くことも重視された。また智恵を得さしめるのに最適でもあった。「不動（黄不動）」は災難や罪業を除くことはもちろん、天皇の内的な煩悩をとり除き、死後も悪い世界に生れかわらない功徳を期待している。黄不動は円珍の感得像（ひらめいたものの形のこと。ここでは苦行中のひらめきによって得た金色の大男の姿）であるから天皇に危難を加えるものがあれば、それを退治してくれるとも信ぜられていた。

今日なお多く伝承されている不動法は、天皇の行幸の際に祈禱されるのが一般人の交通安全・家内安全に該当し、身代り不動の御守りなどが現存することは、かつては護持僧が身をもって天皇の身体を加持祈禱により命がけで救うことをねらっていたことにほぼ同じ意味と考えてよい。

密教の秘密のはたらき、機能、秘儀伝授といった重大なテーマをまるで隠されたヴェールをはぎとるように公開することは、きわめて勇気のいることである。というのは、私は自分が中院流の四度加行等を修したことを、いったんは若いとき封印した。それを自分から再度あけて、いまこの本で書き記し、世俗の光を入れてしまうことに、いささかのおのきと恐れを感じざるを得ないのである。

密教における加持の理論（教理）あるいは加持祈禱という実践的な行法・行為は一般に知られているわりには、なかなか実態がつかみにくいのが実状ではなかろうか。加持祈禱とは、世間（世俗）に流布した現世利益を獲得するための密教におけるもっとも重要な「祈りの具現」である。

ただこの具現という階梯あるいは機構（ある種のメカニズム）の中には「命がけで」という、ただし書きがついていることを忘れてはならない。密教の天台・真言行者は、加持祈禱を本当に真正面から、この身ひとつで、命がけの修行をつみ、身体《からだ》を張って行う。加持祈禱とは、密教の修法のシステムにのっとって「祈り」という個人の命がけの想いを、ある種の特別な念力によって悲願達成したものが、その由来なのである。

たとえば、孔雀が、祈雨と結びつく礼拝対象としてなぜ用いられるのか、その根拠を考えてみよう。美しい羽根を広げることにより、「孔雀尾」は、緑色と青色が二重三重の円型に見え、外縁《がいえん》は金色の放射状でその円を囲むように構成されている。孔雀明王の坐した孔雀は、まるで仁王立ちするかのように、太い両足でがっちりと優美な像を支えている。両羽根は暗闇の中に両手をひろげるように左右シンメトリックに最大限に伸ばしている。この本尊の前で苦悶する祈願者のすべてを救わんとする、もっともたのもしいゼスチュア（身振り）だ。ゼスチュアとはもともと「見せかけだけの行動」を意味するけれど、この場合はどうも違うようだ。孔雀が見すえているするどい目つきをみると、本気で救わんと孔雀の方から、こっちへ向かってくるようだ。それは命がけの真言行者の姿に重なっているかに見える。

4 鎮宅法と安鎮法

「鎮」とは「しずめること」の意であるが、密教では（というより仏教全体も）古代・中世・近現代をとおして、とくに堂塔・伽藍《がらん》を建てるとき、土地・地域に土台（小石等を地面に敷きつめ地がためをする）をつくる。その際に、その地域の地主神（地神《じしん》）に土地を借りうける手続きが必要だと考えた。その中心をなす地主神を本尊として修する法会を、地鎮法という。この修法は、目的の領域の地を掘り四方を地ならしをして、地中の中央・東西南北の四方に五宝・五穀・五薬を埋納《まいのう》（地中にうめる）する方法である。

安鎮法は、日本の国家と国土（地上）を同一と考えそれを護ることを目的とし、そのために考え出された密教修法の守護法の形態をいう。地ならしをしてできあがった方形の地を「鎮国道場」といい、究極には鎮護国家を念頭においている。

仁王護国と別称するように『仁王経』の念誦を基調とする。また唐の長安・青龍寺および京都・教王護国寺（東寺）のように鎮護国家を祈願する寺院が建立された。

空海の超不動明王に祈願する鎮宅法はすべて、その土地の敷地内に輪宝を四方八方を意識して埋納するのを基本とする。輪宝は金銅製で板状の打ちぬきで、専門的には鎮輪《ちんりん》（八輪三鈷杵の型）という。儀式が終ってしまうとこのまるい輪は地中深くうまってしまって見えないが、おそらく土の中ではさんぜんと金色の輝きを放つに違いない。土の中に強力な光を位置づけることと、なおかつ、真言行者の行動を起こさせる力の根源のようなものが、おそらく別のさらに強い磁気とエネルギーをその上の建造物と空間に注入して、壊れない組織のようなものを育むのである。鎮輪はまさに鎮壇具《ちんたんぐ》の中心なのである。

『聖無動尊安鎮国家等法』（大正蔵第二十八巻二八上）は、四方八方に四臂の不動明王を配した曼荼羅を説いているが、実際にはそれは、中央に鎮輪が描かれた安鎮曼荼羅（十二天曼荼羅）である。ただし所説によると「その八方鎮処に四臂大厳忿怒身を作れ。紺青色洪《こう》満瑞厳《まんずいごん》にして、目口は皆張り、利牙上に出る。右に剣、左に索を持つ、その上の二臂は口の両辺にあり、忿怒印を作す」と述べているように、鎮宅の原点は八方に四臂不動明王を配置することである。それに種子（梵字）を墨書した折紙を柱にくりつけたり、棟札《むなふだ》に記したりして咒符《じゅふ》の守護を二重・三重に完全なものとして祈禱の効能を倍増させる。この折紙や棟札は不動鎮宅呪と呼ばれる。

安鎮法はもともと皇室・公家・将軍家の家屋の新築のとき行われる。不動鎮宅呪とは、不空訳の『底理三昧耶不動尊威怒王使者念誦法』下巻によると、慈救呪《じきゅうじゅ》とよばれるもののひとつであることがわかる。この呪文を用いて、浄室《じょうしつ》（建物内の結界した浄らかな室）の敷地の地域を護身結界することを定めている。不動の「慈救呪」とは「ノウマク、サマンタバザラダン、センダ、マカニロシャダ、ソハタヤ、ウン、タラタ、カン、マン」（あまねく諸金剛に帰命します。暴悪者よ、大忿怒者よ、破壊せよ。）という真言のことで、これを真言行者は地面に祈り込むのである。つまり不動明王の慈救呪の効能は、建造物を建てる際の平面と、その上にのるべき室の空間が常に清浄であることを目指している。その平面と上方の空間はもとより、まずもって地中に魔障の侵入を防ぐため壇を設けて鎮壇作法を行う。そのとき『沢見鈔』には、『天地八陽経《てんちはちようきょう》』を慈救呪にかえて読経するとある。

いずれにせよ安鎮法の大部分は、人的な祈願の力量に支えられる。空海自身も「国家のために修法を行うことを目的とするから城中城外に鎮国念誦の道場を建立する。それは東寺（教王護国寺）、西寺（現在は廃寺）で鎮護国家の道場である」（『性霊集』第四巻）とのべている。ここには純粋に正統な密教の究極の祈禱メカニズムがみとめられ、その目的を「国家がすえながく息災にして安全にせねばならない」という決意が込められていたことは疑う余地がない。この空海の決意を不動信仰等で後に具体化していった修法が、安鎮法

地鎮
（地中）

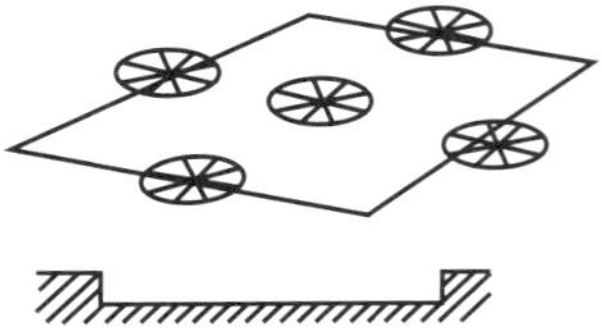

鎮壇＝土壇
（地上もりあげ）

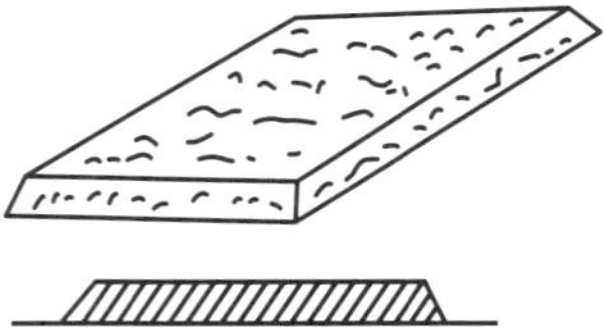

である。鎮宅法・安鎮国家法ともいう。ただ、この修法は鎮護国家のための秘法であるから、本尊の安鎮曼荼羅は一つではない。大きくわけて三種ある。

すなわち十二天曼荼羅（山口県の国分寺伝来のものは、寺伝で「安鎮曼荼羅」という）、葉《よう》衣《え》鎮宅曼荼羅、八字文殊鎮宅曼荼羅である。

「十二天曼荼羅」はとくに壇場に掛け、結願の後この画像を巻き竹筒の中に封じ込み、建造物の中心となる梁の横にくくりつける。さらに五寸の不動明王立像（金銅製）を安置、祈禱しその後は施主に守り本尊として授与する。このように地鎮された地上の建築物の梁上には守りをかためるため、十二天の力を与えられ、そのシンボルをさらに大壇上の輪宝にたとえるのである。世にいう五大明王はしたがって輪宝金属のごとき仏身（からだ）となり、堅固でゆるぎないものに変ると信じられている。

5　五壇の法

平安時代に禁中や公家でさかんに祈られた、密教の代表的な祈禱として「五壇の法」が挙げられる。修法壇を横に並列してかまえる大がかりな壇法からその名がついた。本尊は五つの壇の各々に配置する五大明王（略して五大尊、五大忿怒あるいは五部忿怒という）である。修法の目的は息災・増益・調伏等である。

この調伏は密教独特の祈りの体系であるが、一三〇頁上の配置図のように、向って、右より左へ、金剛夜叉、降三世明王、不動明王、軍荼利明王、大威徳明王の画像を掛け、その前では護摩を焚《た》く。それによって祈願の対象となる敵や怨霊《おんりょう》（目に見えない魔障）などを打ち破る修法である。原型は紀元前一〇世紀ごろに成立したという古代インドの『アタルヴァーヴェーダ』に説かれる調伏法によるという。これによると悪魔・仇敵に対してあるいは呪者同志が克服するまで行う降伏法である。平治二年（一一六〇）に行われた宮中真言院での後七日御修法の指図は承元四年（一二一〇）一一月九日に禅遍（宏教）により書写されたものであるが、これによると次頁の図のような配置になる。

壇は各々の画像の前に設置し祈願する。五大尊は各々、大小の違いはあるが、調伏・降伏の力をもった忿怒像で、それぞれが究極には人間の身体にひそむ煩悩を砕破して、それをとり除く役割をもっている。これが五尊一堂に集まると、威力は完全に発進することができる。その場合、中央に不動、東に降三世、南に軍荼利、西に大威徳、北に金剛夜叉を配置する。

これらの五忿怒は、空海の創案になる仁王経曼荼羅の具現ともいうべき五大明王の配列と一致する。その配列はとなりの五仏（胎蔵界）に照らしあわせると、図のような対応関係になる。これらの具現ともいうべき群像彫刻の姿・形が、魔を排するという絶対的なシステムを内蔵した祈りの対象となったのである。

群像は魔に打ち勝つために、恐ろしい形相をしながら三つのシステムを持つ。この忿怒の顔つきや多臂のしぐさを立体的な像容に高めたものが、東寺講堂の二十一軀の三輪身《さんりんじん》（自性輪身《じしょうりんじん》・正法輪身《しょうぼうりんじん》・教令輪身《きょうりょうりんじん》）ほかに見られる彫刻群である。

五壇法のモデルともいうべき五大明王五忿怒の像は、やがて宮中でも重視されるようになる。平安時代から、宮中真言院を中心に五壇法がさかんになってゆくのは、まさにこの

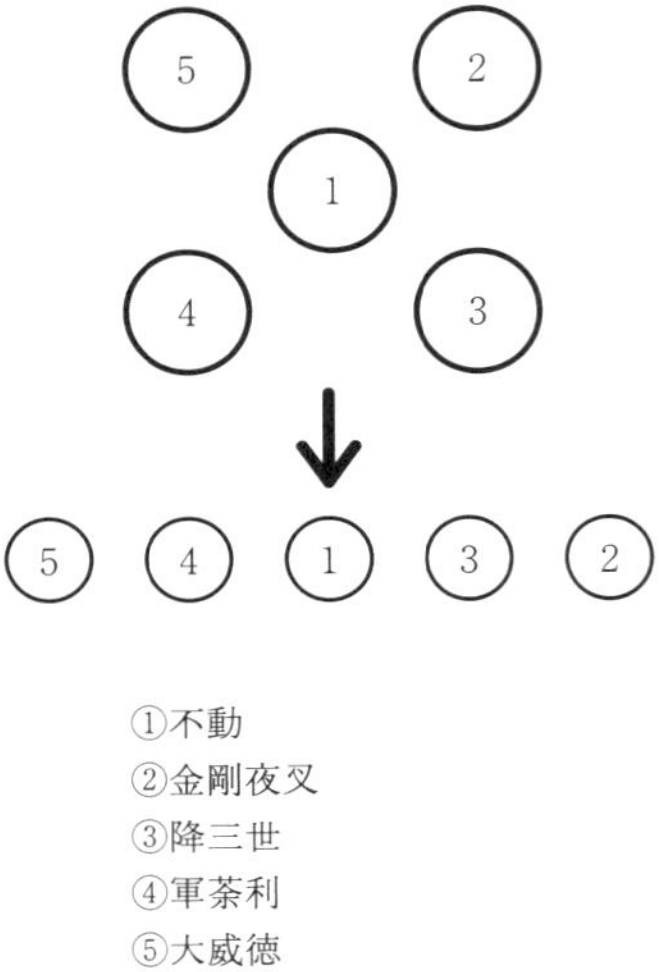

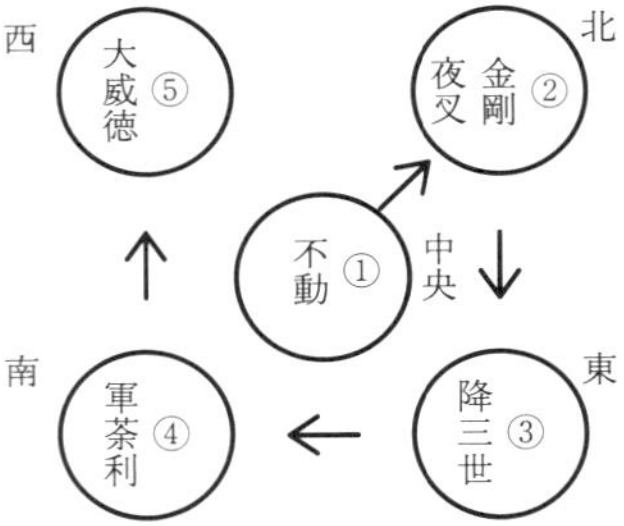

東寺講堂の配置
［教令輪身］

空海の自性輪身と関係のある教令輪身の煩悩砕破にひそむ力の機能による。しかし、五大明王の威力ともいうべき力強い礼拝対象は、教令輪身の曼荼羅的中心と四方四隅の構成では、目の前でおがむにはあまりにも難しすぎたようだ。

それより、不動を中心に横一列に配置して、平等に真言行者の修法の力がとどくように配置変換した方が、即効性が高いと判断されたに違いない。その根拠はおそらく、教令輪身と裏はらの関係にある奥の理論体系・自性輪身のシステムを、壇のかまえ方においてむしろ眼前にさらけ出して、横に並びかえる構成変更のほうが、行者自身にとっても、入り（入我々入・相即相入）やすかったと解釈されたのだろう。

また画像でも彫像でも横並びの本尊との対面したときの距離は、行者にとって五大明王のいずれに対しても、平等に保つことができた。と同時に五大明王への真言読誦の通じ方も一定していたし、したがって真言行者は五つの功徳を強くうけることができる。五大明王は、その功徳を行者の身体におろす役割を、祈禱が終るまでのあいだに成しとげるわけである。その指示は大日如来からの教示によるという。

教令輪身の教令とは「衆生を利益すべし」というもので、行者は命にかえて救済する指令を受けとめる。なお、密教が現世利益の対象とする五穀は、『一髻尊陀羅尼経』（大蔵経、第二〇巻四八六b）によれば稲穀、大麦、小麦、小豆、胡麻である。

6 請雨法

密教では、地下から汲みあげる聖なる水（阿伽香水《あかこうずい》）、天から降らす雨水はともに神聖な水として大切にする。地下の阿伽井《い》から汲む水は、雑用水ではなく清浄な水であるから、真言行者は仏に対して供養を功徳の水（結果的に仏から功徳をいただく）としてお供えする。

ところが天から雨として降ってくる水は、いつどのような時に、というように確実に約束ごとを通して確保することはできない。しかも梅雨期を除いて、天文学・気象学の十分に発達していない古代・中世においては、降雨の予測はきわめて困難とされてきた。気象の予知の難しかった時期に、請雨法と並行して陰陽道の五竜祭を行うのは、気象が雨をよぶ兆候をとらえんがためであった。

天長元年（八二四）に神泉苑（平安京）で修した弘法大師空海の、霊験あらたかな祈雨法すなわち請雨法は、結果的には霊験降雨に成功したことで知られている。その時の大師の喜びは大変なものであったとみえ、のちに「喜雨の歌」（『性霊集』第一巻）に詠まれている。

神泉苑における雨乞いのようすは、『弘法大師行状絵詞』（東寺本）に池の岸辺に作壇《さだん》（雨を降らすための祈雨の装置）を行い、池中央の水面に中島と呼び寄せた蛇の姿を描いた情景で見ることができる。またその作壇等の配置における請雨経曼荼羅（掛曼荼羅）や同敷曼荼羅《しきまんだら》は、定智《じょうち》が活躍した頃すでに、普通に数多く描かれ、使用されていたとみなければならない。ただし現存例が少ないところからみると、請雨曼荼羅そのものが「使い捨て」であったと考えられるのではなかろうか。

†雨乞いと祈りのメカニズム

真言行者は、天の仏や如来そしてすべての諸神へ、降雨を乞い願う。それは行者の眼前にある請雨経曼荼羅に祈り念ずることからはじめる。この曼荼羅の画面は、既述の『大雲《だいうん》経祈雨壇法《きょうきうだんぼう》』や興然著『曼荼羅集』によると、方形の二重に構図を描く白描で、その全面は湖水の波を表現している。

仁和寺本『別尊雑記』では、Ⓐの内院に七宝水を満々とたたえた水池があり、そこに海竜王宮という重層の楼閣と屋根を背景にして、墨線で描かれている釈迦如来（中央）と観

請雨経掛曼荼羅
（海の中に楼閣が出現する。楼閣の中には釈迦如来を描く）

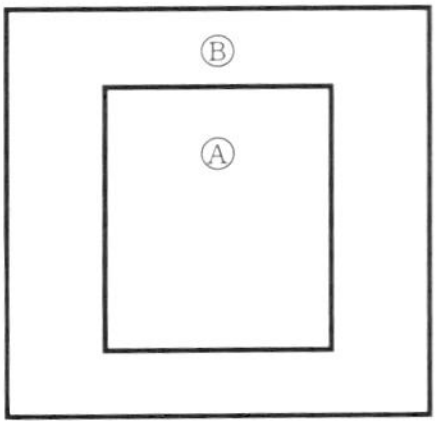

敷曼荼羅の構図
（作例は下）

請雨経敷曼荼羅（興然「曼荼羅集」模写：真鍋俊照）

音（向って左）、金剛手菩薩（向って右）が配置されている。外側のⒷには八大竜王（その内の四大竜王）や清水の入った瓶が四隅におかれている。この中心Ⓐを特に取り出して正面向きの雨乞いの本尊図とする例がある。

われわれはあらゆる自然を恐れ、敬意を払うこと決して忘れてはならない。密教が呪術や修法にこだわるのは、おそらく密教そのものが、理論的にも実践的にも、この地球上の大自然を敬うこと、畏敬の念をいだくことを教えているからである。米・麦・粟・稗《ひえ》など五穀豊穣を願う雨のめぐみ・降雨への祈願は、密教が古代からかかわってきた。むろん雨《あま》乞《ごい》祈雨法すなわち請雨経法は、インド・中国でも行われた。古代において祈雨を望まれるのは、旱魃（日でり、水枯れ）が続いて雨を必要とするときである。もともと水は枯れると、農作物の確保だけでなく、人が生命をたもつための生気を断つことになる。気物の上で淋しい風景が提示される。

一方、密教では雨乞いもあるが、止《し》雨法《う》も行った。雨が降る、止めるを、密教の祈禱により自然の道理を調節しようと考えているのだ。それ故に大雨が続いたり、雨降りが何日も続く場合は、やはり止める必要があるので鎌倉時代は大風も同時に止めることを乞い願う「止《し》風《ふう》雨《う》法《ほう》」（『覚禅鈔』）が行われた。この法については、建永二年（一二〇七）に、祈雨の霊験により法印（高僧）となった醍醐三宝院の成賢《せいげん》（一一六二―一二三一）が、『薄双紙』第二でやはり「止風雨経法」を伝えている。

平安・鎌倉時代の大風と大雨の恐怖はたいへんなものだったようだ。成賢は建暦元年（一二一一）今の京都の洛南、東寺に現存する白描の『請雨経曼荼羅』とは別の孔雀経法で雨乞を修した。著者が請雨法を行ったときはそれに倣い三尊の図像学的配置を考えたが、その横列の配置は図Ⓒのとおりである。胎蔵曼荼羅の中心（中胎八葉院）と観音院（向って左）と金剛手院（向って右）に同じ配置である。大日如来のもう一つの姿が釈迦如来であるという相互関係に依存しているプランである。

『曼荼羅集』では下方から輪蓋《りんがい》、難陀《なんだ》、跋難陀《ばつなんだ》の三竜王が釈迦如来に向って合掌している。

この小さな竜の祈りの形姿は、壇をはさんで総合的に祈念を果そうとする真言行者の想いと祈願が、「小さい祈りからやがては大きな祈り」に変ってゆく過程を視覚を通して表現している。それは穀物の成熟が小さいものから次第に大きく変容していくさまを暗示している。と同時に、このプランは、祈りとともにⒶの画面がⒷの画面へと拡大し、海上で雨が広がってゆくさまを想定している。ここでは、段階的に小さな祈願から大きな祈願に増幅させるのである。

ただ降雨の鍵をにぎっているのは、画面の周辺や敷曼荼羅に描かれている八大竜王である。(1)難陀（Nanda）、(2)跋難陀（Upananda）、(3)沙伽羅《サカラ》（Sāgara）、(4)和修吉《ワシュキ》（Vāsuki）、(5)

徳叉迦《トクシヤカ》（Takṣaka)、⑹阿那婆達多《アナバタツタ》（Anavatapta)、⑺摩那斯《マナシ》（Manasvin)、⑻憂鉢羅《ウパラ》（Utpala-ka）の各々の竜王は『法華経』序品に説かれている。密教経典では『陀羅尼集経』第六巻に八大竜王が登場するが、⑹以下ほか漢音の名称は異なっている。

⑴と⑵は兄弟で八大竜王の中心的存在といわれ、他はこれを、とりかこむように描かれている。⑶の沙伽羅は竜王中、請雨の実務能力をもつ本尊の役割をなす竜王で「降らせる」、「降らせない」のキーマンでもある。女性神で『法華経』（提婆達多品）の竜女成仏は、この沙伽羅の八歳の成仏を説いたものである。また、水がどこに豊富にあるかを具体的に知っているのは、⑹の阿那婆達多である。ヒマラヤ山中の阿耨達池に住みつき、四大河を仕分けして、人間世界をうるおす徳がもっとも高い竜王である。

密教の請雨を可能にするメカニズムは、八大竜王中の二大竜王がにぎっているとみてよい。真言行者は雨をよび込む手だてを、八大竜王の⑶沙伽羅と⑹阿那婆達多に最終的に託するのである。そして降雨の是否の決断をゆだねられている八大竜王は掛曼荼羅と敷曼荼羅に描かれているのだ。また、八大竜王の総体ともいうべき八部衆の一つ竜神ないし竜(Nāga）は一体どのくらいの種類があるかというと、不空訳『仏母大孔雀明王経』（大・十九所収）では一六〇種もあるという。

図および掛曼荼羅や敷曼荼羅は心覚著の『別尊雑記』（仁和寺本）に詳しく記載されて

いる。雨乞いは中国・唐時代に不空《ふくう》（真言宗付法第六祖、七〇五―七七四）によって大成されたといわれ、その修法のやり方（方法）や諸法具は『大雲経祈雨壇法』一巻（不空訳・大・十九所収）や『大雲輪請雨経』二巻（不空訳・大・十九所収）に詳しい。

不空は北インドのバラモン出身であったが、金剛智から金剛頂経系の密教を学び中国で生涯をおくった。天宝五年（七四六）にはすでに玄宗皇帝に仕え、長安でたびたび請雨法と止雨法《しう》を行ったという。その功績により、玄宗より智蔵の名を天宝八年（七四九）にさずけられている。空海の師、恵果《けいか》はこの不空の高弟（正嫡）である。

この不空訳の請雨経は空海により日本に持ち帰られるが、平安時代後半になると小野流（京都）の請雨に強い影響をあたえる。その中心人物が小野の雨僧正とよばれた仁海《にんがい》（小野流祖、九五一―一〇四六）であった。

農耕による日本人の生活は五穀の生産が中心をなしていた。農作物の発育に水量を天から授かる必要があった。一年のうち定期的な降水量が無いと干魃をまねく。不空が訳した『瞿醯経《くけいきよう》』三巻には、五穀として、稲、大麦、小麦、小豆、大豆をあげているが、他に胡麻、莢豆、青粿、粟、白芥子、油麻、粳米、小角豆が考えられている。しかし、この規定は、唐の時代にほぼできあがったとみられる、中国方式の護摩法によっている。これによると、あくまでも供物として火中に投入されるものは生の五穀に限られていた。なぜ五種の五穀かというと、人は五つの異なる煩悩をもっているからだ。それをまず癒《いや》す。そして五種煩悩（貪瞋痴《とんじんち》、慢《まん》、疑《ぎ》）に当て、火の強い力で除去する。

この理屈をそのまま信ずるならば、真言行者は降雨を乞い願うことと引きかえに煩悩をもっているわが身を仏にささげることになろう。いいかえるならば、それは五種の煩悩を所持しているわが肉体（真言行者自身）を供犠（いけにえ）とすることにも等しい。

ところで、降雨の約束は「だれ」と「いつ」するのだろうか。天からの雨降りを可能にする聖霊《せいれい》ともいうべき請雨経曼荼羅の主尊・釈迦如来は、まさしくその約束の相手なのであるが、大切なことは行者の肉身を釈迦と竜王たちにすべてささげてもらわなければ、五穀の命水である天からの降雨は最終的には約束してもらうことはできない。それゆえ行者にとってまさに命がけの請雨法なのである。

しかしこの修法は成功すると行者はたいへんな出世をするといわれている。あの仁海でさえ寛仁二年（一〇一八）に神泉苑に雨を祈って、当時の大旱魃を救っただけで権律師《ごんりつし》に昇格したという。その仁海は生涯において大きな請雨法を全部で九回行っているが、そのいずれもが法験をあらわしたという。それゆえ、その名声をしたって、入門を希望する僧が多かったことも事実である。仁海も雨に対して、特別な霊力を有していたが、中国の不空も雨をよぶ、不思議な力と体質を持っていた。そのように中国でも日本でも、密教をきわめた行者の身体は、本当に奥底から清らかなものが土台にあり、その上に雨の到来を読むことのできる特別体質でなければならない。

請雨法の祈りが天に通じると、平安京では神護寺に近い愛宕山《あたごやま》の上に黒雲が突如としてあらわれ、善女竜王が登場し、さっそく降雨の準備をする。そのようすを描いたものが画像で残っている。高野山・金剛峯寺に伝わる定智《じょうち》筆の国宝「善女竜王像」がそれである。

この作品の名はお経や儀軌には見えないが、『御遺告《ごゆいごう》』に説明がある。その昔、この竜王の精である蛇がインドの無熱達池《むねつたつち》に住んでいた。しかし害を加えないおとなしい蛇で、また真言の奥義をうやまっていたのか、八寸(二一・五センチメートル)の蛇になり、やがて三メートルの金色蛇(九尺)の頭上にのりうつり、変身した。画僧定智はその変身を中国の官服を着た姿としてとらえ、皿に盛った如意宝珠をもつ姿で表現した。この宝珠は三弁宝珠《さんべんほうじゅ》にみえるが、よく拡大してみると四宝珠である。宝珠は宝石の雨を降らす効能があるが、この絵は宝珠の霊力により限りなく雨が降りつづくと解釈している。醍醐寺や大通寺にも同じ彩色画があり、建仁元年(一二〇一)に描かれた白描図が醍醐寺に残っているが、もとは三井(大津)に粉本(図像やその下絵)が伝来していたものという。

この三井は鳥羽の宝蔵にない、密教の加持祈禱を実際に行うための実践修法の曼荼羅や独尊の礼拝対象を生み出したところとして知られている。平安時代の末期になると、こうした請雨法を独立した別尊法とする動きが生じたが、その中でも雨乞いに答える証としての「善女竜王」登場というシーンの場面は、三井という図像の宝庫にあった粉本があってはじめて描き起しが可能になったのである。「善女竜王」を描いた定智は、その三井で勉強した画僧であった。『高野春秋』によると久安元年（一一四五）頃かかれたという。ただし、その定智が請雨法の本尊である請雨経曼荼羅を描いたか否か、何も記録が残っていない。

一二世紀になると、三井のとくに寺門派の鳥羽僧正覚猷《かくゆう》は自ら住房としていた圓城寺の法輪院で、精力的に密教図像の蒐集をはじめた。その有力な協力者がこの定智であった。

7　光明真言法

光明はもともと仏や菩薩がもたらす智恵と慈悲の光をいうが、サンスクリット語のプラバー（Prabhā）またはアーローカ（āloka）が原語である。これはもともと古代インド（ヴェーダンタ哲学）における修行者が解脱を達成した後に身体をぬけ出た我（アートマン）が、やがて光の道程をたどりながら最高神ブラフマン（梵）にゆきつくことを指している。

仏教になると、光明は仏の三十二相「身金色相《しんこんじきそう》」（仏身全体から金色の光を発している）としてあらわれ、礼拝対象の画像や彫刻では頭光と身光に分けられる。密教では、光明は遠く宇宙の彼方まで届く、きわめて鮮明な強い光を象徴したものを信仰するもので、光の出所は大毘盧遮那如来（大日如来）である。その尊名マハーヴァイローチャナ（Mahāvairocana）の由来のとおり「大光輝《こうき》」である。

またこの如来の全身から常に放たれている光は、同時に独自の真言「オン、アボキャベイロシャノウマカボダラ、マニ、ハンドマジンバラハラバリタヤウン」（不空遍照の大印は宝珠・蓮花・光明の諸徳を具備し、これ転じて行者の身体に満たせん）という光明真言を生じせしめることとなる。この真言は光言《こうごん》（不空訳では「不空大灌頂光真言」という）といって七遍（または二、三遍）唱えれば、はかり知れない福徳があると同時に、すべての罪障をとり除くことができる。

さらに、この真言を誦し一〇八遍加持した土砂《どしゃ》を死者の遺骸やその墳墓・供養塔などに散布する。そのとたん亡者はたとえ地獄等で苦しんでいても、土砂そのものの功徳によりはかり知れない光明を得て、極楽浄土に往生し永久の菩提を得る（『不空羂索神変真言経』第二十八巻）と説かれている。この土砂加持の法会は、「六座《ろくざ》土砂加持会」（略して一座《いちざ》土砂加持）といい職衆《しきしゅう》（法会を行う人）は二十五口（人）で構成されている。死者が三界六道に迷い苦しんでいる状態を抜苦与楽《ばつくよらく》（苦しみを除き楽をあたえる）し、導師は同一人で二箇法要で、金剛界・胎蔵界を交互に計四回、残りは金剛界を続けて二回修する。六座の六は「六道」に対応し、土砂加持は各々の世界にさまようことを封じる効果をもたらす。

日本では明恵《みょうえ》上人（一一七三―一二三二）により土砂加持の功徳が提唱された。その勧《かん》進《じん》のようすは、自著の『光明真言土砂勧進記』（二巻および別記）に詳しく、それらの全容は安貞二年（一二二八）ごろには完成していた。また功徳の流布により尽力され、そのようすは『光明真言功徳絵詞』三巻（応永五年＝一三九八）に描かれている。

それにしても、なぜ人間は欲などにとらわれる迷いの世界・三界（欲界・色界・無色界）や迷い落ちる世界・六道（地獄・餓鬼・畜生・修羅・人間・天上）に輪廻（ぐるぐるまわり）し、永遠にその苦しみから逃れることができないのか。これに回答をあたえたのが真言密教の土砂（河川の清流からえられる白砂）の効能である。

また、よく聞かれることであるが、加持祈禱は本当に効くのか、という質問がある。六道におちた人間が主であるが、必ずしもそれだけではない。現代社会とくに都市社会の構造の中で生きている人々は人間と人間、人間と自然が何らかの関係によって保たれるべき「感覚を遮断」している。六道というときに、人と自然も含めてイメージの対象とすべきである。

密教の加持祈禱は、古来より、人対人、人対自然、人対物（無機的な「もの」はのぞくか否か、意見が分れる）の感覚（人間なら五感が基本）の交流・流通を介して成立している。密教の「加持」はまずこの両者の相対関係の間に真言行者がわけ入って、たぶん人が喪失しているであろう仏との対話を「真言《マントラ》」、「陀羅尼《ダラニ》」なる言葉により、呼びかけたり願いごとを一生懸命たのんだりして、病気だとか、運命だとか、また災いをとり除いたりする。ただし、病気から救われたいと願う場合は、たぶんに病人の看護などが同時に心理的な力ウンセリングをともないながら、行われることも多い。したがって本当の加持祈禱は、ある過程においては、現代医療（看護・介護）で切望されている「ケア」をとうぜん含んでいたのではないかと私は思う。

真言行者が加持祈禱の目的を達成するために、本尊（あるいは礼拝対象）に祈りを通して発声する語を、真言（マントラ、Mantra）、陀羅尼（ダラニ、dhāraṇi 旧訳ではこれを「呪《じゅ》」と訳した）あるいは明《みょう》（Uidyā）という。これらは日本に伝来して、密教から修験道、神道その他の信仰形態にいろいろ流布し展開したため、なかには偽作語や語句の入れ替えなどもしばしば見られるのが実情である。しかし作意はともかく、これらの真言行者の口中より発声される聖語は、行者にとって眼前にある本尊（仏・如来・諸尊および各々の曼荼羅）と秘密の交流・交信を行うための、唯一の言語であることには変わりがない。

それが標準語であるか、多少訛っているのかの違いであって、くり返し唱える真言・ダラニは、行者の命がけの発声、発音の持続によって、音や声は呼吸のリズムをともない、やがては行者と本尊の間の空間に、人と仏の波動で結ばれた交信の軌跡を示す聖域が細長くいく重《え》にもいく重《え》にもひろがり、独得の祈りの密教空間（加持祈禱が可能な聖域）が成立する。

密教の加持祈禱について、その祈りの行為を行う真言行者（実践者）にスポットを当てながら問題意識を掘りさげようという私の試みは、長年の先達である外国人学者ベルナール・フランク先生の影響が大きい。先生はフランス学士院会員であったが既に亡くなられた。日本の古典に造詣が深く、とくに神道・密教に精通しておられた。日仏会館の重鎮でもあり、『方忌みと方違え』（岩波書店）という興味深い著作も出版された。私も昔、パリのギメー東洋美術館を丁寧に案内していただき、そこで初めて、ギメーに展示されている東寺の羯磨曼荼羅の縮小版の解説をうけた。そのときも、この前で「加持祈禱をどのような方法でするのか」と質問をうけた。それが本書を書くきっかけとなったのである。また、大峯など、修験道の行者の精神世界との接点は、オックスフォード大学の女流学者として名高いカルメン・ブラッカー先生の『あずさ弓』にさまざまなヒントを得た。

密教アートでは、祈禱する行為自体によって、イメージを介して眼前にオブジェを想定する。その再確認が、おがむ仏像・仏通密教工芸品である。加持祈禱によって信者の身体内あるいは身体を通してあらわれた加持世界は、瑞相土《ずいそうど》（随他法界宮《ずいたほっかいぐう》）という。これは強力な信仰心によって、また法身大日如来の神変《じんぺん》加持力により、生じたこの世の現象世界である。密教ではこれを大日如来の功徳相《くどくそう》（如来の力によって得られた功徳そのもの）という。

ただこの場合、自分がこの世（現世）にいるのと同じように、大日如来もこの世にいるのと同じ位置づけでいる（時と場合によっては信徒・信者の中に同化している）のであって、それは「この世＝仏界」の範疇にある。ここが顕教《けんぎょう》（密教以外の教え）のように仏界を離れて生身の人を迷界に位置づけるのと大いに違っている。例えば、人の悩みを仏にたくして、すがるのではなく、人の次元の中で仏が同じ位置づけで一緒になり、共に悩みを聞くという立場、これが密教である。

私はもう何十年も前におきた、もっとも衝撃的な出来事、すなわちヴェトナムでの戦争反対に抗議して僧侶が行った決死の焼身自殺を思い出す。これは実際の記録映画（ニュース）で、ゴジンジェム大統領夫人が人間のバーベキューと言っており、結局、政権が小乗の仏教徒に理解を示さなかったので、政権は打倒されてしまう。

この亡き僧侶の全身全霊を投じた生命をかけた絶対的な行為、すなわち死と引きかえの「平和への祈りの具現・願い」というものは、その後のヴェトナム戦争に大きな衝撃をあたえた。そして数十年も後の戦争終結とともに、ヴェトナム民族の勝利の中で、この一僧侶の願いはかなえられたのである。この僧侶のすごいところは、平和への祈りを我が身の生命に引きかえ、自らの手で「焼身」という行動を実践したところにある。僧侶の願いは実践によってのみ、かなえられたのである。

私はこのシーンをはじめて話題にされた故中野義照先生（高野山大学々長・教授・インド哲学）の授業を今でも鮮明に思い出す。先生はいつものように口ひげに手をやりながら

「あの僧侶の行為、諸君はどない思うかの。あそこには、わしゃ、仏教徒いや釈尊の全生命が、すべてといってよいほど集約されているように思うがのぉー。あのシーンを見た諸君は絶対に忘れられないのではないのかのぉー。いつか、仏教や密教に何らかの問題意識をもったら、あのヴェトナムの僧侶が仏教徒の威信をかけて決行した、ガソリンを我が身の頭上からかぶって同僚が火をつけるという焼身行動を思い出すじゃろうか。ともかくいつまでもすごい意味をもつに決まっとる」と話された。同様の行為を、実は私の友人のT師も実施した。

先生のこの発言は、そのときの私に大変なショックをあたえた。しかも、今にして思えば、仏教徒が原始仏教教団の時代から、うけついでいる仏や法（ダルマ）、僧にみる三宝の根本精神というものは、一つには、密教の加持祈禱の中では生かされていなければならないのだ、という切なる批判のあらわれではなかったのか、という気がする。したがって「人間が全身全霊をかけて」すなわち生命《いのち》をかけてというキーワードがなかったら、この祈禱の効能は成立しないのである。

実は今、この一文をタイ、バンコックのむし暑いホテルの一室で書き綴っている。タイの小乗仏教もそうであるが、ヴェトナムやタイやインドの仏教徒たちの火に対する神聖なまなざしは、日本密教徒の数倍にもまさる生命のエネルギーを感ずる。当地へ来る前に山田一真僧正の示唆もあり、ワット・ラシャプラナ（日本人納骨堂）をおとずれた。ここには今なお、第二次世界大戦で亡くなった戦死者の霊をなぐさめる（供養する）仕事が山積している。でも、その遺骨をきちんと納骨し、心をこめて供養することをくりかえすうちに自然と、真言僧侶すなわち真言行者の側には、身体に、特別な験力・霊力が積み重なってゆくメカニズムが生じるのだ。いいかえるならば、真言密教の加持祈禱を可能にする超エネルギーの発露は、そうした供養を積み重ねることにより、目に見えない霊力も並行して育むことになる。

そんな簡単な真言行者の身体の変容を、実は日本ではなく、この異国の地で見たのである。すなわち真言密教の加持祈禱のメカニズムを可能にする底力を、こうした異国の地で、しかも眼前のさまざまな異文化に照らしあわせることにより、はじめて私は見出したのである。

こうした真言行者の霊力やそれを獲得するメカニズムは、密教アートの美意識で見直せば見ることもできるし、とらえることもできる。その形態や彩色や線やその濃淡は必ずある。しかしそれは、想像の世界かもしれない。

私はこの実体を一つの例として、『華厳五十五所絵巻』中に見る。その物語が一幅に圧縮して描かれている『華厳海会善知識図』の画面を見ると、想像の世界が実に上手にとらえられているのが分かる。上手にというのは、『華厳経』入法界品の所説にもとづき、善《ぜん》財童子《ざいどうじ》が善知識《ぜんちしき》（梵語でカルアーナミトラ、「善き親友」の意）を有した有徳の賢者五十三人を訪ねて教えを乞う物語を描く。それらの場面にも示されているように、童子の歴参と順序は階段を上へ上へと登るしくみである。そして最終的には、童子は弥勒菩薩と普賢菩薩を訪れて、華厳の大道極致を会得することになる。

この物語は、善財童子に行動させ、一種のさとりの境地を体現させているところが心にくい。その説明は、画面わきに書かれた北宋の楊傑《ようけつ》による入法界品讃によって知ることができる。この形式は仏教文学の絵物語における「語り」の原点でもある。童子が高僧を歴参し入法界品の極意を体得してゆく過程が、絵巻の構図をみるかぎり、上へ上へとちょうど山を登るように進むかたちをとっている。

ただ残念なことは五十五所の場面が明治初年まで実在していたが、現在は三十七段のみが現存、他は諸家に散逸し分蔵されてしまったことだ。「善知識」という言葉は古くは禅宗の参禅する入門者が指導者を「お師家《しけ》さん」と呼ぶのと同義に使う場合があったが、今日では華厳用語に限られている。善知識図も含めて、華厳五十五所絵巻は、童子が師をたずねて上へ上へと登ってゆくようす、すなわち歴参の行為は、画面からもそのシステムを察することができる。

この善財童子の物語は、自然の山をゆるやかに配置された場所に舞台が設定され、高僧を訪ねてゆく形式になっている。つまり『華厳五十五所絵巻』の物語のシーンは、一つの例示としてであるが「悟りの階梯」を見定めているのである。こうした「さとりを求めて上へ登ってゆく」というらせん状の場面設定は、密教アートのマンダラに比較するとどうなるだろうか。たしかに善財童子の歴参の階梯のその先のようすを知りたくなる。

8 愛染明王法と如法愛染法

愛染法（愛染明王法）は、人が生きてゆく過程で、愛しあい仲よく和合《わごう》しあうことを願う敬愛法の代表的な修法である。また調伏法にも当てられる。『瑜祇経』所説にもとづき愛欲貪染《とんぜん》はもともと衆生がもっている、さまざまな欲望を上手に浄化し、それをそのまま浄菩提心という三昧の境地に変えることを目的とする。

その具現が人間の愛欲を尊格化した明王、すなわち金剛薩埵《こんごうさった》像である。この仏像は変身しても煩悩即菩提を内にもっており、赤色をシンボル化している。このシンボルの尊格が愛染明王である。したがって、本尊として愛染明王像を祈願の対象とするが、愛染法と如法愛染法は彫刻・画像に愛染曼荼羅が使用された。

敬愛には(1)媚《び》厭敬愛《えんけいあい》、(2)信伏敬愛《しんぷくけいあい》、(3)和《わ》合敬愛《ごうけいあい》、(4)鉤召敬愛《こうしょうけいあい》（相手をこちらに引きよせる）、(5)悉地《しっち》敬愛《けいあい》の五種あるが、大きく分けると菩提敬愛と世間敬愛の二つである。すなわち、即身成仏に結びつくつながりと、夫婦ないし国王・臣下の世俗的なつながりである。愛染法の場合、この世俗的な利益は一〇ほどの効能が付加される。すなわち「十種勝利のこと」で、㈠「身常《しんじょう》無病」、㈡「寿命長久」、㈢「福徳無尽」、㈣「智恵《ちえ》第一」、㈤「衆人《しゅうじん》敬愛」、㈥「官位第一」、㈦「降伏怨家《こうぶくおんけ》」、㈧「不堕悪趣《ふだあくしゅ》」、㈨「道心純熟《どうしんじゅんじゅく》」、㈩「現身成仏《げんしんじょうぶつ》」である。このうち㈣㈥は明らかに自分の願望をみたす「所望《しょもう》」を目的とし、㈠㈡㈦には「天変」のことが何らかの理由でかかわってくることを示している。力関係は五大尊への祈願と若干似ているところがある。

祈願の手順は、保延年間（一一三五―一一四〇）の「愛染法御修法所」によると、大壇供や護摩壇供を各々六三回行い、諸神供も九回ほどおさめている。またその際の真言は、仏眼真言七一〇〇回、大日真言は六三〇〇回におよぶ。そのほか降三世、本尊（愛染）、平等王を各々六三〇〇回、一字金輪は一三万六〇〇〇回のものすごい数の真言をとなえる。

雨僧正で名高い小野流の仁海（後冷泉天皇のとき東宮＝後三条天皇の護持僧であった）は「愛染明王法は小野流の秘法」であるとして、七日間続けて修し霊験を得たという。ここでの秘法の直接の祈禱目的は敬愛と調伏であるが、寛信《かんしん》法務という仁和寺高僧の頃にはすでに、五種法（瑜祇経の所説）に通じて行うことが全盛をむかえていた。しかしその場合の修法は通常の愛染法ではなく、如意《にょい》宝珠立《ほうじゅだて》の愛染明王を本尊とする修法「如法《にょほう》愛染法」

をいう。五種法通用《つうよう》といっても、現実には敬愛法が大部分をしめており、その敬愛法をどれほど深く行うかが如法愛染法を成りたたせる小野流秘襲の要因ともなった。また如法愛染法は掛《かけ》曼荼羅（曼荼羅をかべに掛ける）を用いないで、敷曼荼羅（曼荼羅を壇上《だんじょう》に敷く）のみで行うことが特徴でもある（『覚禅鈔』第八十二如法愛染〔大正図五―二六一〕）。

修法の規模も、「大法」の形式でとり行うと決められているものの、それほど大がかりではなく、どちらかといえば、人の意中に迫り敬愛をとおして息災の是非を重んずる、コンパクトな修行であった。

中央に大壇を配置し、真上に天蓋を配置し、壇上には赤絹に三昧耶形の文様を描いた敷曼荼羅をおく。その中央部に多宝塔を立てる。塔内には舎利（お骨）あるいは宝珠をおさめた小像の愛染明王を安置する。この修法を「如法」と呼称するゆえんは、如意宝珠を中心に本尊と同次元に位置づけ、その威力にすがるからである。

また、宝珠を納めた「多宝塔」として、金剛界曼荼羅中の三昧耶会（中央・大日如来）に描かれているのとほぼ同じ構造の小さな建造物をつくり、大日如来の身体（法身）そのものの三昧耶形（シンボル）として壇上に置く。これは、如法愛染法の本尊は懸曼荼羅を使用しないので、大壇上が本尊即大日如来の舞台となり、両尊の融合により、神秘的な空間を生み出すことを意味する。

その際、祈禱が頂点に達すると、真言行者の祈りは多宝塔内の宝珠によって融合のメカニズムを発動させる。そして、すなわちモニュメント（融合の記念的立体物）を具現する。塔内の宝珠は三角形と半月形の合成となり、さらには方形と円形が不二《ふに》融合《ゆうごう》（二つのものが一つになる）のすがた・かたちである。この二つの形態つまり方形は金剛界であり、円形は胎蔵界であるから、不二をあらわすというのである。これらの融合のシステムは、愛染明王を軸として、すでに平安時代の『御遺告大事』中に図像（高野山・親音院本や高崎市・慈眼寺本）があり、詳しく描かれている。

また『秘鈔問答』には「智《ち》法身《ほっしん》を所住の塔婆（ストゥーパ）とし、また現仏《げんぶつ》を能生《のうしょう》の舎《しゃ》利《り》とする」と書かれている。これは、壇上の多宝塔そのものは金剛界をあらわし、塔内の舎利は胎蔵界をシンボル化しているという意味である。その所変（あらわれたもの）が愛染明王である。

しかし、これを支えるためには、不動明王と降三世明王がまたもう一方で不二であることが、愛染明王には絶対的条件でもある。不動明王を念頭においた敬愛護摩、同じく降三世明王を念頭におく調伏護摩は、ちょうど両者の仲だちともなる大壇（愛染明王＝多宝塔＝宝珠）によって、操縦される大器一体、いわゆるすご味のある極秘の壇法であった。そうした秘法「如法愛染法」は、承暦四年（一〇八〇）一一月に白河天皇のために六条内裏にて鳥羽僧正範俊《はんしゅん》（一〇三八―一一一二）が一〇日間修したのが始まりという。

範俊は醍醐三宝院勝覚へ、また元海は寛信に、勝賢は守覚法親王にこの秘法を継承した。小野流にひろまったのは、この醍醐の流れとほぼ並行し、広沢に流布する中で育まれたとみられる。小野流がなぜ如宝愛染法を秘襲として重視したかは、必ずしも明らかにされていないが、一つは仁海の請雨経法の成功にあったといえよう。それは降雨をもたらす根源が、三弁宝珠を持した善女竜王の力にゆだねられていることと軌を一にしている。

しかも宝珠を用いた如法愛染法は、究極には、宝珠自体を両部大日如来の不二の尊格として愛染明王を立てているわけであるから、仏像という礼拝対象を本尊としてもたない。この修法は、宇宙全体にただよっている霊気の超越によって確固たるものにされている。むろんその際、愛染明王の真紅の彩色の奥から出る無限のエネルギーを増益・倍増することが前提にされている。その如法愛染法のエネルギーの拡大は、大日・愛染の不二中の不二より成り立っている。

また如法愛染法の壇上で重要なことは、上方の空間の荘厳さである。壇の真上には傘蓋《さんがい》（方形のかさ）をかける。その蓋の四隅または四方四角に必ず六尺幡《ばん》八流を付ける。むろん中央にも一丈八尺の長めの幡一流を付ける。垂らされた幡九流はすべて赤色である（また中央のみ赤色、他は八色に分割して配色される場合もある）。さらに壇上の四方に花箭《かせん》を置く。

さらに、これらのはなやかでデコラティブな本尊壇の脇をかためる両護摩は、敬愛壇には本尊の愛染護摩、降伏壇には降三世の護摩を設営しそれぞれ修するので、修法そのものは実に華麗かつ迫力に満ちたものになる。

如法愛染法が三十七尊立てを基本にすえていることは、金剛界の理論にもとづいて修法の根本が構築されていることである。これは、愛染明王の本体である如意宝珠（略して如宝）が荒々しい原石からみがきをかけられ、金剛界の根本会すなわち羯磨会の中心である三十七尊の活動エネルギーを全回転させ、目的に向って「作業具足《ぐそく》」（目ざす行為を完成させること）を祈願する。

その際、重要なことは、この羯磨会（成身会）に内蔵する十六大菩薩のはたらきにより、種々行動をコントロール（制御）させられることである。これなしに如法愛染法とはいわず、「定恵即ち理智なれば万法はこれに摂属せり」というごとく、つまり、ものすごいエネルギーを発信するだけでなく、それを調整しながら、目的に向って達成する。そのエネルギーのをかたちにあらわしたものが『秘鈔問答鈔』に説く五輪塔である。したがって、如法愛染法はその問答でも問題となっている秘密の世界にある秘仏による種々の力は、五輪塔のようにモニュメントを積みあげることによって成りたつものである。それは特定の仏三十七尊の力すなわちエネルギーを指す。加持祈禱することにより、目的がかなうとされる。

「先師法印の口伝に云わく、此の明王は両部不二の尊なり。そのゆえは五輪中にて地輪方形は阿字形にて胎蔵界大日なり。水輪円形は鑁《バン》字形にて金剛界大日なり。三角輪は地輪より出たり、この三角は不動の三昧耶形なり。不動は胎大日の所変にて教令輪身これを思うべし、半月は水輪より出たり、これすなわち降三世の三昧耶形なり。この降三世は金剛界大日の所変にて教令輪身これを思うべし。所以に尊勝曼荼羅に三角中に不動をえがき、半月中に降三世を図す、良に以あるなり。空輪宝珠形はこれすなわちかの手に持つ愛染の三昧耶なり。この空輪は半月の上に三角を重ねたる形なり。ゆえに知《しら》ぬ不動・降三世は不二なるを愛染王と云うなり。また金剛の大日、胎蔵の月輪に住するを金輪といい、胎蔵の大日、金界の日輪に住するを仏眼という、この二尊不二なるを愛染王という、これすなわち不二中の不二なり」(『秘鈔問答鈔』)。この「不二」はイメージからオブジェを最終的に生み出した感性の証《あかし》である。

9　修験道と密教アートの関係

山岳あるいは山林を修行活動の舞台とするいわゆる修験道は、古代・中世・近世そして現代にいたるまでその形態は変らない。むろん変った部分もあるが、中枢は衣装・法螺《ほら》などの持物もふくめて変っていない。今日でも修験道で通じるし、山伏（山臥《やまぶし》）というとその修行者としてひろく認識されている。修験道は験者の多くが山を「歩く、登る修行」であるから、その限りにおいては一般の登山者・プロの登山家への影響も大きい。

四国遍路で使用される「おいずる」と呼ぶ白衣は、死者が葬送のときに着る衣装で、これに朱印（札所番印、本尊印、寺名印の三つ）を押すが、この「おいずる」は、徳島の太龍寺修験や慈眼寺修験では、江戸期に、旅壇具を背負う背中をまもった重要な下着であった。その尊い修験者と同じように、遍路の巡礼たちにも、各寺院が朱印を押して、修行の証として証認するのである。遍路修行も修験に似せておいずるを着用し、また修行の証を死者に着用させることによって、極楽往生を願うのである。

真言密教では仏が存在する世界を浄土とミックスさせて、三つの境地を観想上の浄土、あるいは修験道の行者の境地そのものとして設定する。それを妙果《みょうか》という。三つの境地のことを三品悉地ともいう。これは浄土教の発想を融合させたものであろう。

まずは「密厳仏国土（密教国土）」である。この世界は上品悉地（最上の浄土世界）で宇宙に匹敵する無限のはるか彼方まで続くイメージである。本来は無色透明あるが、その先の遠くには、オアシスよりも何十倍も大きい緑におおわれた情景がある。

次は中品浄土の「十方浄土」である。十方とは四方八方のあらゆる方角に及ぶことであるから、平面を基点として東西南北を描いて完璧な円形の空間を想定することになる。この空間設定の中に浄土を位置づけるならば、根拠は密厳国土をある意味、超越しているかもしれない。その場合、芸術的な美の境地は、いずれの仏土にも共通して位置づけることができる。

真言行者が意図するとされる仏土は、池に蓮の花が満開に咲いている状態でのみ成立することになる。蓮花が咲いていない静かな水辺の池は、真言行者がいう「観心上にあらわれる仏土」にはふさわしくない。いいかえると、蓮花が満開の池の全面は、曼荼羅世界そのものをあらわしている。蓮花は赤・青・黄・白色があるが、これを広大な池に植えて、開花時期が違うにせよ、満開にさせてみたとしたら、五色のうち黒色をのぞく、すべての色彩の美しさを網羅していることになる。それは、現世《げんぜ》（この世）で言う「曼荼羅」観に五色の花に見立てられた仏土、すなわち蓮池となって眼前に展開するに違いない。

三つ目は、下品で諸天修羅宮《しゅうら》に安住する境地をいう。「胎蔵界曼荼羅」では、天部等に該当させて仏土の上に設定し、専門用語では「応身《おうじん》」という。現実には雰囲気に応じて、仏身は変る。奈良時代にさかえた東大寺の華厳宗における仏土のなりたちと考えかたに等しい。

たしかに真言密教美術の中には、全宇宙を「蓮華蔵《れんげぞう》世界」とみる考えかたが包括されているように思う。ただし密教の美は「瞬時にあらわれる美しさ」をとらえるが、華厳の美は「段階的に変化する美しさ」をとらえる。どちらも生命的な力の源を見つめつつも、その美しさに迫ることに着目している。

密教の場合は、予想しえない中に美を見る。華厳宗の場合は、この世に存在するさまざまなかたち（形）や色や動きを見るとき、その順序と過程をたどりながらそこに在る関係のメカニズムに触れる。しかしそれだと、実感は無いかもしれない。ただ対象が透き通るように見えるだけである。「物の美しさ」や「ものごとの美」の根源は、見る側にとっては想像するだけのものだからである。それゆえ華厳宗はストーリーにより強くこだわるような気がしてならない。

10　立山曼荼羅と地獄・極楽

立山《たてやま》は富山県の東部に位置する北アルプスの北西の連峰であり、標高三〇〇三メートルの雄山《おやま》を中心に浄土山、大汝山、別山、剣岳の諸峰がならぶ山岳曼荼羅の雄大なパノラマを成している。修験道ではここを他界信仰の聖地であるとしており、平安時代より知られ文学作品にも登場する舞台だ。入山のおりには、下の常願寺川の上流にある芦峅寺《あしくら》より入り、その支流、称名川との間の尾根を登ってゆく。

ここの景色は素晴しい絶景である。これを見ながらさらに上へ進むと血掛けにつく。これは死出山と呼んでいるが、ここから姥堂へ、そして湯川（垢離湯）で入念に身を清めて、すがすがしい気持で弥陀ヶ原を経て阿弥陀如来と観音菩薩と地蔵菩薩をまつっている室堂《むろどう》にいたる。最後に懺悔坂を越え、六観音の祓川《はらいがわ》、さらに一ノ越と五ノ越と続けてようやく頂上に到達する。

こうした行程は現実（現世）とあの世（来世）をかさねあわせて、要所ごとに救済を可能にする仏を配置する仕組みがある。その仕組みは『立山曼荼羅』に描かれた地獄と極楽浄土を同次元（表現された場面）に配置して表現しているところに特徴がある。

平安期の『法華験記』に「かの山に地獄の原ありて、（略）日本の国の人、罪をつくれば多く堕ちて立山の地獄にあり」と述べられているとおり、立山という土地は極楽より地獄として、当時知られていた。たしかに『立山曼荼羅』は『今昔物語』でも地獄を想定させるシーンがより多く取材されている。これは地獄谷からの噴煙がたえず吹き出し、時として地下から出る強烈な異臭が原因である。

この現実に無い異臭は現地へ行ってみないと実感がわかないが、荒涼とした廃墟と化した淋しい石ころだらけの場所に、死人がまるで水上にただよっているかのようだ。それだけに、この地に行ってみると、死人ととなりあわせの地獄はそうとうリアルに描くことができる。

それにくらべて極楽浄土は、コミカルに描写するのならともかく、地獄より場面の表現は困難をきわめる。それは現実のわれわれが現世でも地獄や修羅場は見ることはできるが、極楽浄土は本当はなかなか見ることがないからでもある。「リアル」（写実）という表現手法を中心におくと、地獄と極楽は対になっているわりに、極楽浄土は表現しにくい。リアルにしようと思ってもユートピアという仮想の情景を描くことになる。よく考えてみると、それは極めてあいまいなことなのである。その点、地獄は赤色を多用して、どろどろと表現することができ、「あらわす」ことにあいまいさがない。

極楽は阿弥陀如来に置きかえることを第一に、また脇侍として観音・勢至を加えて三尊形式に整えることで、死者をだきかかえるという形態を完成した。ただ「早来迎」の画面を見つめると、阿弥陀オンリーより三尊で構成した方が形になりやすい、と考えられる。極楽浄土は配置する仏にこと欠かないが、地獄は役者が多いようで少ないのだ。『立山曼荼羅』は極楽とそれにまつわる風景があるが、地獄は地獄そのもののメカニズムを表示しているにすぎない。ほッとするような間《ま》・空間が無い。まるで息がつまりそうなくらい、獄卒すなわち赤鬼と青鬼の責め苦オンパレードといった感じである。そこに白色の地蔵菩薩があらわれる。右手でしゃく杖を持って登場する。見る者がほッと一息つける安堵感が画面にもただよう。「あッ、救いの仏、お地蔵がやっぱりいる」というように『立山曼荼羅』の画面には、登山者に対して信仰者に対して救済の演出が心あたたかく用意されている。

このように立山の地獄・極楽形式は、立山という北アルプスの主峰の一つを死後の世界と見立てることによって、人間はどこから生れて、どこへゆくのか、という素朴な疑問を大パノラマで否応《いやおう》無しに見せてくれる。これは江戸期の文化が文字による伝達よりも視覚にうったえるほうが効果的であった証拠である。この手法でこれの解説、『立山曼荼羅』の絵解きも大いに行われた。今日のテレビメディアのはしりである。

ただ言葉より絵に描いてうったえるという手法は、逆に弊害も生み出す。話の飛躍《ひやく》がそれである。「密教アート」のモチーフには、飛躍して作られたり、書かれたりすることを前提にテーマ設定されることも少なくない。

たとえば「即身成仏」や「廻向《えこう》（回向）」については、『弘法大師行状絵詞』では、真言宗を開宗した証として大日如来に変身することによって、その験力を示している。弘仁四年（八一三）一月一四日、朝廷の天皇たちの前で大日如来が空中に浮上して光を放って出現したようすであるという。場面は奇蹟的に描かれている。この話は飛躍しているが、表現は大日如来（金剛界）を強調して図解している。なぜ、大日があらわれたのか、その説明が無く飛躍して、「即身成仏」のシンボルとして大日を表現している。

11　死後のデザイン——密教とお墓の「かたち」

お墓は死人の目印となる場所として位置づける。土饅頭のように土を盛る、死人を埋めて掘りかえした土は、亡くなった身体の上にかぶせる。身体の分で、当初より増えるのでそれが盛りあがり、小さな山ができる。

「墓」という文字はよくいわれるように、日の当る草むらの大地に横たわり土に還る、という文字の組みあわせである。古代死生観が自然に墓の文字を生み出した。風葬も水葬も土葬もすべて自然に還ることをあらわす。したがって生きている人間にとっては棄て場所、死者にとっては自然に還る安堵《あんど》の場所であった。遍路杖のように頭に五輪塔を刻んだものもあり、山や川や平地にある石がその墓石の役割をはたす。

近世になって、死者を埋める埋墓《うめばか》と、死者の霊をまつり詣でるための詣墓《まいりばか》を別につくる両墓制が普及すると、「詣《まい》り墓」は「ラントウ」「ヒキバカ」「ヨセバカ」「セキトウバカ」

と呼称し供養するようになり、「埋め墓」は「ノバカ」「イケバカ」「ミバカ」ともよばれるようになった。これらは穢れたおっかない怖い所として、家族も皆、簡単には近づきたがらなかった。

密教アートの視点では、五輪塔やお墓に対する芸術的な発想の原風景は、主体芸術の作品とみなすことができる。死の形を多くの想いをこめて美化する墓石のデザインには、高野山奥ノ院迄の供養塔も含めた多くの石塔に作例がみられる。それは異様な光景である。この奥ノ院の場・空間を現代のパフォーマンスと対比させて舞台空間とみなす場合がある。しかし私はこのような発想はきわめて実験的であって、次元のいかんともしがたい相違・ズレを痛感するのである。

もともとお墓は草葉のかげで今なお死者が安らかに眠っているところである。日本は仏教の影響が強い。ところがその中には道教の影響を想定させるものがある。密教アートの墓の概念が成りたつとするならば、日本人の安堵感を成立させるために、このような密教アートをとりこんだお墓の存在を、その定義の中に含めて考えてよいのではないかと思う。それは密教の思想をとりこんだ墓では五輪塔それ自体が大日如来という仏像を宇宙の中心として位置づけられているからである。それゆえ真言密教は、「密教アート」としてもう一つの墓制を成しており、その根本は形といい理念といい、五輪塔にあると考えられている。

とくに四国遍路では、修行の道中で「行きだおれ」ると、金剛杖を亡くなられた方の土葬の盛られた土饅頭の上に立てて、お墓の代りにする風習がある。その証拠に金剛杖の先の錦《にしき》の包みを取ると、木に刻られた見事な五輪塔があらわれる。これが墓と五輪塔を結びつける核心の部分である。

また「五輪」という言葉は、五つの形から成っていることを示しており、下より四角・方形の「地」、円形の「水」、三角形の「火」、半月形の「風《ふう》」、団形《だんぎょう》・宝珠形の「空《くう》」の五つの立体を石造であらわすのを基本とする。お墓そのものとしてこの形で建立されるものもあるが、後で回忌《かいき》のときに供養塔として建立される場合が多い。それゆえ五つを総称して五輪塔という。形の区別を明確にするために、各々の石の面にア、ヴァ、ラ、カ、キャの種子・悉曇《しったん》・梵字を刻む。

こうした考え方は、今日では、お墓のそばに立てる板塔婆《いたとうば》が継承している。これは亡くなった人の追福菩提《ついふくぼだい》をおがむために板に五輪形を刻み、シルエットのような効果をもたらしている。板にする平面の塔婆は、五輪に限ってみれば、亡き人を追慕する影《えい》でありシルエットである。その影を残った人々が、一生懸命におがむことにより、心の中に実像を得る。これこそ昔から変らない日本人独得の風物詩である。

†曳覆曼荼羅

ここで曳覆《えいふ》曼荼羅について見てみることにしよう。

曳覆曼荼羅とは死者に着せる曼荼羅で平安時代から伝統的に使われている。「ひきおおいのまんだら」とも呼称する。

亡者（死者）に葬儀の際、白衣（麻・和紙・木綿）の経帷子（経衣《きょうえ》あるいは無常衣《むじょうえ》ともいう）を着せるが、そのとき着物に真言陀羅尼《だらに》（梵字）を墨書して、それによって死後の冥界にて罪業が消え地獄の苦しみからものがれ、同時に救われると信じられている。

密教ではとくに、真言陀羅尼を、曼荼羅の区画の型に梵字をつめ込んで表示する。死者は曼荼羅につつまれて成仏することを目的としている。このことから転じて、中世では生前に厄除け、魔障から身を守るため肉身の皮膚の上に梵字で真言を墨書していた。その点では未開社会の風習に多い、魔よけの入墨とも性格が類似している。密教の曳覆曼荼羅は、息を引きとった肉体に曼荼羅そのものを着せることになる。

この曼荼羅の典拠は平安時代末期に心覚―成賢（醍醐寺）の系統でまとめられた醍醐寺幸心《こうしん》（報恩院）方《がた》の『作法集』の「亡者曳覆書様《もうじゃえいふかきよう》」による。それによると、経帷子を上から下へ区分けして梵字真言・咒文を墨書きする。頂上に①宝楼閣大咒《ほうろうかくだいじゅ》、三身真言、左手は

②決定往生《けつじょうおうじょう》真言、右手は③即身成仏真言、左足に④破地獄真言《はじごくしんごん》、右足に⑤滅罪《めつざい》真言、左脇に⑥不動明王一字咒《ふどうみょうおういちじじゅ》、右脇に⑦大威徳明王真言《だいいとくみょうおうしんごん》、臍上に⑧正観音真言、そして背中に⑨大勢至《だいせいし》菩薩《ぼさつ》真言を、それぞれ梵字で墨書する。

なお『乳味鈔』第十九巻によると普通の経帷子は随求《ずいぐ》陀羅尼を全面にかき入れるもので、この陀羅尼は、要所には円型で梵字を示すことが多く、コラージュ全体で組みたてられた構図自体が曼荼羅様の表現になっている。ロンドン大英博物館には敦煌から伝来した九世紀の大随求陀羅尼がある。

この身体を覆う曼荼羅の図式を分析してみると、興味深い事実に直面する。それは亡者の首から胸にかけて配された①宝楼閣大咒は、不空が訳した三巻の『宝楼閣経』(空海も請来している)に説くもので、亡き人の滅罪を目的としている。その修法は宝楼閣法によって具体化されているが、その功徳は宝楼閣(仏の住居)を讃えることから始められている。つまり死者の身体は、この世(現世)から、宇宙的視野の中で構築された仏の住居に等しい、小宇宙なのである。したがって、死者の身体は密教の教えからすれば、ともかくきれいにしておかなければ往生できない、というのだ。

それゆえ、背面の⑨に書かれる大勢至菩薩真言は、亡者につきつけられた決定的な滅罪の咒を唱えることにより、生前に犯した罪の意識からまぬがれ、裏の大勢至菩薩の真言により、無類の救いによって完全に自由な身体となり、「よごれ・けがれ」から身体は真白になるのである。経帷子が当初は麻の白衣を用いたことも、また後には白木綿や白紙の衣を用いるようになったのも、実にこの世の「けがれ」からの脱却を意味する。

裏面の大勢至菩薩真言を全面に入れこむことは、密教では八大菩薩の一つである勢至菩薩の智慧の立場から救おうとするシステムに由来する。これは表の中央（お腹）に位置する、慈悲による⑧正観音真言の救いとは、裏はらの機能によるものと考えられる。なぜなら、勢至菩薩を背中に背負う死者は「智慧の光をもって普《あまね》く一切を照らし、三途《さんず》を離れて無上の力をうる」（『観無量寿経』）からである。

この三途はいうまでもなく、地獄・餓鬼・畜生の三悪道をいう。なぜ死者は背中から三途を離れさせようとするのか。地獄は火に焼かれることを意味する火の責め苦の通り道「火途《かず》」であり、餓鬼は刀で責められることの「刀途《とうず》」であり、畜生はたがいに相食《あいは》むから「血途《けつず》」である。このような三途という地獄世界にある物体のようなものは、死者の背からおそいかかってくると解釈されたからではなかろうか。

密教では死者儀礼をすませて、あの世に亡者を送り出したとしても、現実の生きた人のイメージで冥界を動きまわっている、と理解されている。この見方は密教の考えによるものである。人間として現世の活動が不十分であるということかもしれない。

その所説は『宝楼閣経』上巻、『随求陀羅尼経』上巻、『不空羂索経』第六巻に認められるが、真言密教で曳覆曼荼羅として発案された時期は平安末期である。それゆえに死者の背中には、八大菩薩の観音につぐ救い主、勢至菩薩の真言を当てて対処したのであろう。

経帷子は浄土宗では阿弥陀三尊の種子と六字名号（「南無阿弥陀仏」）を墨書したり、『浄土三部経』の経文抜書を写経したりする。しかし浄土真宗では何も書かない場合が多い。また地方によっては破地獄儀軌の経文や名号だけを経帷子とは別の念仏紙に墨書して納棺する場合もあるが、その多くは江戸期の風習である。

密教美術の中にある曼荼羅は、身体と同義である。それは宇宙的な視野をもっている。

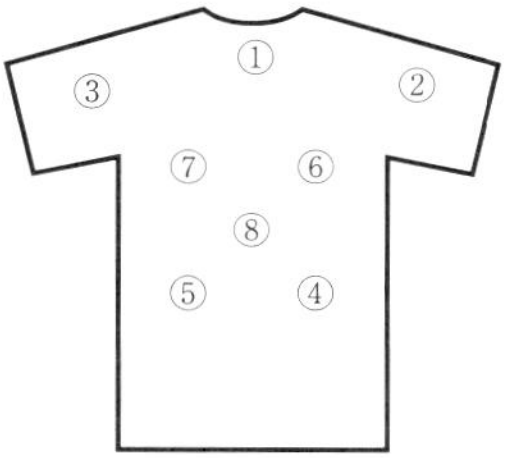

前（正面）

後（背面）

そこから「密教アート」の身体論と結びつく「主体芸術」のジャンルの中に組み込む広がりが考えられる。フランスで展開された、身体にブルー（青色）を塗りキャンバスの上をころげ廻る現代芸術の表現方法は、曳覆曼荼羅の歴史的な発想と出発点は類似している。このことから、現代芸術にも曳覆曼荼羅は少なからず影響を与える可能性が考えられる。

12　梵字・墓石

それは平安時代前期に天台教学を大成した安然大徳（八四一―八八四）は、『悉曇蔵《しったんぞう》』の著で名高いが、「四義《しぎ》」の中で「法体秘密」があって、仏さんもそれぞれ文字を持っている、と説いた。その文字を悉曇《しったん》・梵字《ぼんじ》という。

なぜ仏のシンボルとしての文字をあたえたかというと、仏の自内証《じないしょう》（奥にある「あかし」証）におがむ側からもし語りかけたとして、それを話の対話として受けとめるだけの「作《さ》用《よう》」が秘められている必要があるからだ。それが納得されれば仏は喜んで受け入れる、というのだ。ただし作用には境界がいくつもあって等覚《とうがく》・十地《じゅっち》の菩薩といえども容易に見聞覚知することはできない、という。

私の考えでは、よくある胎内仏などは、その等覚・十地の菩薩に等しい位置づけと解釈している。安然は空海の『声字実相義』に示されている宇宙に遍満する文字やそれにともなう音、声は、そこに実相を見きわめようとすればするほど仏の秘奥の胎内にも「文字（梵字で表現）」があると確信することができる。この見方は「密教アート」の世界の範ちゅうでもある。

悉曇梵字は、仏さんと交信することもできる、大切な文字である。それゆえ梵字は仏さんそのものを象徴的にあらわす。梵字の「ヴァン」は「大日如来」、「カ」は地蔵菩薩というように。

また「梵字」というのは「梵語」に同意でその一字をさす。古代インドの文字・言語で専門的にはブラフミー文字（書体）の形態（字形）を古くから伝えている。したがって「密教アート」の立場から見ると、字形そのものに何か不思議な神秘性を見出すことになる。その神秘な感じは、声を出して梵字を読んだ場合に、ますますその意を深く受けとめることができる。

短い音韻、長い音韻。いずれもその感覚は日本人として、どこか遠くてなつかしい、いにしえの音として受けとめることができる。そして短い音韻にはそれほど息を必要としないから、一文字をアとかウーとか母音を展開して発声することができる。つまり発声する身体と呼吸との関係は、文字を発音するためのプロセスや規律などと深い関係がある。

真言密教の「阿《ア》字観」という修法にその答えが隠されている。すなわち悉曇梵字を眼前の円の中に墨書したア（阿）字を前にして、座禅によく似た行法を行うのである。阿字という一字は、したがって行者の心の中で生きている。文字が生きている、と断言できることは、それだけ人間にとって尊い存在であるということだ。

こうした考え方にたどりつくのも、その源は空海著の『声字実相義』一巻にあるように思う。「五大に響きあり」ではじまるこの名著は「密教アート」を考えるうえで、「かたち」の抽象化と写実の本質の接点をとらえることができる。また、「言葉としての文字」と単なる「形としての文字」を考えるうえで、声の発音・発声は形態化される原点であることを教えてくれる。それゆえ「密教美術」ではあまり意識されないが、「密教アート」では、「仏像というかたち」と真言ダラニ（陀羅尼）の存在が、不離不即のような関係を示唆している。

例えば寺院の仁王門をくぐるとき、右の「ア」と口を開いている仁王と左の口を結んでいる仁王を見ると、本来は一尊としての仁王が、手のかたちと身体の動きを少し変えているだけであるがそれをとらえるだけで実はたいへんな存在論をわれわれに提示してくれている。ア形とウン形の仁王の間を通りぬける行為は、参拝者のイニシエーション（秘儀）の一つであろう。

また「廻向《えこう》」は人が亡くなったとき、お坊さんが読経した功徳を死者や親類縁者に分けあたえる功徳分配の方法をとるが、そのとき最終的には、木製の五輪塔のかたちをした平板の卒塔婆《そとば》をお墓のうしろに立てる。「密教アート」からみると、卒塔婆やそこに書かれる廻向の梵字が結果的には功徳の証となる。卒塔婆そのものがその功徳の想いを「かたち」で表現するその役割をになっていることになる。

この「かたち」に至る脈絡は信仰行為からたとえ離れて考えたとしても、亡き人の存在そのものは、人間の心の表現の重要な部分である。ここに「念力《ねんりき》」のようなまったく別な大きな力も想定することができる。また同時に死者に対して「生前の姿」をしのぶ、思い出すといった、気持の「現れ」も卒塔婆の中にとうぜんふくまれている。つまり物故者の「すがた」、「かたち」は思い出の中で、よみがえらせることができる。その気持は「実在《じつざい》」である。「密教アート」の視点でその人を「強くおもう」ことによって美化することにつながるはずである。

13 声明の世界

「五大に響きあり」ではじまる空海著『声字実相義』の一節には、この世の生きとし生けるすべてのものが、宇宙的視野をもって真の「音」としてとらえられている。その真の音で歌われる声明は、仏教音楽における声楽であり、音階は宮《きゅう》・商《しょう》・角《かく》・徴《ち》・羽《う》の五音である。ただし、複雑な曲になると七音で構成される場合もある。

そのスケールの大きな「音」は、まだ未消化なものかもしれないがやがては人の「声」となり「音声」となってこの世に生れ生じてはなばなしく登場する。その「声」は、日本古来の「言霊《ことだま》」とはやや異なり、また話しことばの肉声とも違うかもしれない。声明はことばに音曲がともなっている。曲のつくりかたは実に息の長い音曲の節《ふし》まわしを必要とするし、そのための発声は鍛練を必要とする。

私が高野山に登って中川善教前官（当時は上綱《じょうごう》）の門に入ったのは、昭和三三年の春である。高野山高校から通って、ほとんど夜の夕食前の数時間を、声明のテキスト『魚山《ぎょさん》』を与えられて、その南山進流の譜の読みと声の出しかた、また声明の「律《りつ》」と「呂《ろ》」の音色の基本を教えてもらった。祖父戒善に小さいとき習ったものと実によく似ている。

私はそこでつくづく思った。密教のいわゆる伝承というものの本質は、人が変っても、まるで申し合わせたように類似している。メロディーはおろか息つぎまでそっくりになる。しかし口伝の際に意味は伏せられている。戒善も善教も、発声上の「声の太さ」がほぼ同じなので、特に似ている度合いが強い。「あんたのおじいさんは三宝院のジンケイ（深敬上綱《じょうごう》）さんについて習うた」との善教の言だったので、同じ南山進流の流儀であるならば類似していなければならない理由がとうぜんあるということもできる。しかしこうも似るものかなと感心した。

たとえば誰でもが口にする『四智梵語讃』の出だしから終りまで聞いたとき、師僧（善教）の中に祖父の「すがた」「かたち」が生き生きと感じられた。本当に生々しい。善教の声の中に「あッ、おじいちゃんだ」と声を出したくなるような、そこに祖父がいるかのような錯覚さえおぼえた。まさに血脈相承の極致である。讃のメロディーの厚みというか、声の高低の中に明快な祖父のイメージが浮んだことは事実である。「あんたのおじいさんはうどんが好きでナ」、「声明が終るとここで素うどんにアゲ（油あげ）の入ったものをいつもおいしそうに食べられてナ、いい人だった」。善教が祖父をなつかしく思い出す気持と同じように、私も師としての善教を思い出している。

ところで先に書いたとおり、声明は仏教音楽の声楽である。ただしこの歌唱は、中国古代の曹魏《そうぎ》の曹植《そうしょく》が釈尊の若い頃のエピソードをたたえた『太子瑞応本起』による太子の頌偈を詠じたのが最初だという。今日ではその譜が伝わっていないので、その真意はわからない。というより声明の初期いらい、基本的には、口伝で行われるのが根本である。南都（奈良）ではいまなお仏教伝来を尊重してか、釈迦を讃嘆する気風は南都系声明の中に残っている。高野山で育まれた南山《なんざん》（高野山）進流は、元来は奈良（興福寺など）から伝わった声明が土台となっている。

ところで「密教アート」として声明をとりあげる理由の一つに、仏画や仏像と音曲との対面という状況があげられる。法具の音が肉声をともなって礼拝対象にとどく瞬時の交叉には、計り知れない無限の美がそこに潜んでいるように思う。美意識はワイド（横）にそして一直線に仏像や曼荼羅の大画面をまるで一枚のやわらかい布が覆うようにやさしくとどく。

密教の中でもっとも本格的な声明は、『曼荼羅供《まんだらく》』（「大曼荼羅供」）の中でとなえられるものである。この法会の中で使用される声明の大部分は真言密教の声明と呼んでさしつかえないものである。両界曼荼羅を供養することを目的としたこの儀式は、弘法大師が弘仁一二年（八二一）に始修していらい現在も続けられている。導師は金剛界と胎蔵界の曼荼羅を合行して行う。

しかしつくづく考えるに、血脈を相承することはいいとしても、その後の「伝承」となると並大抵のことではない。とくに声明という音の伝承は常に練習をかさねていないと、メロディーが節まわし（ユリ、ソリも含む）などに支えられて覚えられている分、難しい。伽陀など長いものになると、譜を何度も見直してくり返さないと覚えられないし体の中に入ってゆかない。維持できない。持続できない。これは声明の命である音の継承の大事なところである。

真言宗の声明は、南山進流のもとになっている大和の中川寺の成身院で活躍した大進《たいしん》上人の進流である。仏教の声明を「歌う」という形にはじめて提示したのが大進上人である。その祖型は梵音《ぼんのん》、唄匿《ばいとく》、梵唄《ぼんばい》によって知ることができる。

今日ある法会の、二箇法要や四箇法要の最初に歌われることが多いものを「唄匿」といい、四箇法要などの散華《さんげ》の後で声高らかに歌われるのを「梵唄」という。諸仏を供養するためにはなやかな感じがして印象づけられることも多い。

とくに散華は法会の途中で、職衆《しきしゅう》が散華入りの籠を両手で持って、曲想にしたがって花をちらしてゆくので印象的だ。これを行道散華《ぎょうどうさんげ》という。また花は、元来は樒《しきみ》の葉や菊花や蓮弁《れんべん》の生花をまいたが、近現代は造花や印刷蓮弁にその多くは変った。「密教アート」として散華を注目すると、一枚の花びらに諸仏へのコトバをそえるのもよし、仏さんをたたえる讃仏歌を書き込むのもよし、ともかく声明という仏教音楽をバックに多くの仏さんを音でつつむ、花でつつむという趣向である。

私は書家の榊莫山さんが、まるで仏さんや神さんと対話しているかのように「散華で仏さんを迎えると慈悲にみちたお顔でニコニコしてほほえんでくれる」という話を最晩年に聞いたことがある。このような慈悲深いニュアンスをもつ散華は、声明の代表的な詩篇音曲といってよい。散華の一句「願我在道場香花供養仏」（願わくば、この道場でお香やお花を仏にお供えしようと考えています）の文句に長い音曲をほどこして唱える。

讃仏のありさまは中世鎌倉期にとくにさかんになる。旧仏教としての密教も浄土教と交叉で、宗教行事の多くははなやかになってくる。仏をたたえるため音の中に多色的な色彩さえ感じさせる。と同時に抑揚をつけて発声しながら旋律を引っぱってゆくメロディーの中にコラージュ風のさまざまな工夫された美観をそこに印象づける。そして「ああー、仏の浄土世界とは、こういうものなのか」という仮想の空間をあたかも現実のように仏を絵であらわしたりして見事にやさしいものに仕上げる。

現実の舞台を仮想して強調することのできる例は、宇治平等院の鳳凰堂に見られる二十五菩薩来迎壁をレリーフであらわした壁面である。定朝作の阿弥陀如来本尊（仏像・仏画）の前で、その名を徴音でとなえる。音階はかなり高音である。またこの音曲の曲譜は、数多く残っており、曲想は平調《ひょうじょう》（黄鐘《おうしき》調）で唱えられる。

「伽陀」はガーター（Gatha）とサンスクリットでいいその音訳である。わが国では「諷《ふう》頌《じゅ》」、「偈《げ》頌《じゅ》」と訳す。地蔵菩薩については『地蔵菩薩本願経』見聞利益品偈の四十七文字の偈文がある。六地蔵尊を中心に「南無地蔵願主尊」と偈文を組みあわせて「地蔵歎偈」とする短文を三遍となえるものである。

この偈はまた、六道の衆生の済度《さいど》（救い）が目的であるから、誰でもが声明風の簡単な旋律を若干付して唱えるものである。「密教アート」としてのこの偈文は、六地蔵尊の姿を見て、祈りを込めるように低いあるいは高い声で発声することになる。これによって眼前の像容が生き生きと眼前に位置づけられるのである。

地蔵さんの姿に向って一言一礼し讃嘆《さんだん》することにより、功徳を願うというものである。功徳は供養・讃嘆・焼香すると女人泰産、身根具足、除災病疾、寿命長遠、聡明智恵、財豊盈、衆人愛敬、穀米成熟、神明加護、証大菩薩の十項目からなる多くの福徳が得られるという。これを地蔵十益（十福）といい生命の尊さと寿命をとくに願う。これらの現世利益は、地蔵をおがむことにより得られる。この十福はとくに延命地蔵を主とする『延命地蔵菩薩経』に説かれる。

浄土教で大切にしている声明の一部に旋律「地蔵和讃」があるが、これは真言密教でも一部分強い影響をうけている。ただ十益は地蔵とともに観音菩薩の礼讃もあおぐ場合もあり、密教がサブカルチャー化してゆく様相が中世、鎌倉末期にみとめられる。むろんこれらの仏教の和讃は、地域の民謡にも少なからず影響をあたえ、東北地方などの地蔵堂では、堂前で踊り念仏と合体してゆく傾向もみられる。いずれにしても声明は、「密教アート」の大衆化の流れに応じて庶民の信仰とともに真言宗や天台宗の密教の声楽として今なお生きのびている。

おわりに——曼荼羅とコンピュータ

もうかなり前になるが、西チベットの奥地に曼荼羅を訪ねるべく調査団を編成し、ヒマラヤに分け入ったことがある。

暑い七月末にインドのデリーから飛行機で北へ約一時間ほど飛び、高原の避暑地スリナガルに着く。インドでは高級な避暑地として知られているところである。われわれはここに一週間ほど滞在し、ここから車で、ギルギッド山脈を左側に見ながら険しい山間のザンスカール地方に入ってゆく。

スリナガルから四日目で、インダス河の上流を四〇〇〇メートルほど登ったところにたどり着く。そこはもう空気が薄く、一〇〇メートルも歩くと息がきれてしまう。やがて岸壁のわずかな空間に抱きかかえられるようにそそり立つ白壁の僧院（ゴンパ）を見つける。

小窓が数か所しかない暗い堂内に入り座っていると、少年とも思える赤衣の僧が熱いバター茶をふるまってくれた。

しばらくすると年老いた僧がわれわれを別の大きな堂に案内してくれた。中へ入ったはいいが、暗闇で周囲がよくわからない。私は空気が薄いせいもあって、少し意識がもうろうとしていたが、だんだん目が闇になれてくると、室内のようすがはっきりしてきた。

壁の方を見ると、チベット独特のタンカ（画軸《がじく》）の曼荼羅が二十数点ほど掛けられている。中央の千手観音《せんじゆかんのん》（本尊サハスラブゥジャ）のやや高い壇《だん》をはさんで、柱と柱の間に、前垂れの薄絹をたくし上げ、風帯《ふうたい》（軸から下がっている細長い二本の布）を垂らしたままきらびやかにかざられている。赤、白、黄、青など色とりどりの鮮やかな曼荼羅である。

なかの絵柄をよく見ると、四角の構図に二本の縦と横の線を交差させ九つの小区画を描き、その中に仏像をはめ込んだ、いわゆるチベットの金剛界《こんごうかい》曼荼羅であった。その画面は抽象画を見るような幾何学的なものだった。ところが、区画の中に描かれた仏像の表現が妙に何か暗示的で意味ありげである。

私は一瞬、その区画と描線のたどる流れが、ＩＣの回路に似ているな、と思った。そして空海が一二〇〇年前にわが国にもたらした曼荼羅は、コンピュータの理論に類似しているなとも思ったのである。

†イコンにこめられたエネルギー

ここで私が見たチベットの曼荼羅の構図の原型は、インドのタントリズムに源をもつ、チャクラやタントラの図像（イコン）に近い。タントラの重要な象徴は男女の性だから、チベットの曼荼羅の中には、人間活動のエネルギーを生み出す性的活動の図式がはめ込まれていても決して不思議ではない。空海の金剛界曼荼羅はこれと同じタイプだが、構図を作り出す出発点において、チベットと日本の曼荼羅では少し違うようである。

空海の両界曼荼羅は、胎蔵界が女性的原理をあらわし、金剛界が男性的原理をあらわすとされる。この両方の対立概念の図式のモデルは、いうまでもなく人間そのものであり、男と女の関係なのである。ところが日本では、密教というディスクールの中では、男女を仏のいる舞台にあからさまに出すことを嫌がる。平安時代以降の密教の説明では、男と女の関係をことごとく表面に出さずに密教の真髄を語ろうとしたので、曼荼羅の画面の多くは抽象的な構図をともなうようになったのである。

しかしチベットの曼荼羅は違う。性の歓喜を僧院の壁に堂々と描いて、謳歌している。また、人間の能力を通常持っている能力以上に引き上げたり、潜在能力を開発したりするエネルギーが、土をこねて作る土壇の様式化した立体的な曼荼羅づくりのエネルギーに通底していると見ることもできる。

この土壇の形式は、コンピュータの記憶容量すなわち記憶装置に蓄えておくことのできるデータ量の積み上げ方にも類似している。コンピュータのデータ量はK（キロ）バイト、M（メガ）バイト、G（ギガ）バイトなどの単位であらわすが、これは、僧が壇を作りあげるときに唱える真言・ダラニに対応するといえるだろう。低音で自分に言い聞かせるようにつぶやくチベットの真言は、コンピュータが直接理解できる言語すなわちマシン語に近い性質を持っている。たとえば日本でも使われている真言・ダラニの梵字はマシン語としての0と1に置き換えても発音することは可能なのではなかろうか。

†「仏」も「コンピュータ」もシステムである

コンピュータと曼荼羅が類似しているというのは、曼荼羅が有している宇宙的生命、言い換えれば曼荼羅中の主役、大日如来という仏の構造が、コンピュータのシステムに類似している、という意味である。

曼荼羅とコンピュータを結びつける根本の理由は、人間の脳に由来する。コンピュータのモデルは、ある意味において人間の脳である。脳の奥にひそむ人間の心を入念に見つめると、それは、仏の心の行動のように一つの固定観念をもっていないことがわかる。いうならば「人の心」より「仏の心」のほうが、人工的に理論構築されているのでシステマティックなのである。仏がもつ加持相応の心などは、両方の構造上のシステムとシステムをつなぐ、ある種のキーワードのような役割をもっているといえるだろう。

空海がもたらした両界曼荼羅の金剛界曼荼羅は、二門構造になっている。二門とは実在→現象、現象→実在という二つのシステムであって、これは哲学でいう演繹と帰納の相関関係と同じである。

こうした相関関係は、人間がさまざまなシステムを人工的に構築する過程において発見したものである。コンピュータの集積回路がつくられた過程も同様であろう。その経緯は、修行者が曼荼羅を観想し、そこに実在するであろう仏を認識するプロセスと一致するのだ。

ここでまた私自身の体験に戻るが、西チベットのアルチゴンパを訪れたときのことだ。堂内の壁面いっぱいに仏の図が描かれていた。私は初めに見たときはそれが何なのかわからなかったが、チョロチョロという小川のせせらぎの音をきっかけに、ハタと気がついた。壁全体をおおう仏のコラージュが、まるでコンピュータの集積回路が息をして血が通っているように見えたのだ。

†密教の「五相成身観《ごそうじょうしんかん》」はコンピュータの五機能に通ず

コンピュータはライプニッツの普遍代数学構想に出発点をもっている。空海も同じく、インド哲学中の無限大の数学に着目していた。空海は、曼荼羅を根拠にした無限の宇宙空間への出発点が、観想という修行僧の行為の中で構築されることを重視したのである。

そうした修行で用いられる代表的な曼荼羅が、金剛界曼荼羅である。金剛界曼荼羅は、「五」という数字を基調にした五相成身観（五転成身観）を成り立たせている。これは密教の観想を母体にした代表的な修行である。五相を具備して、本尊（大日如来）の仏身《ぶっしん》（ブッダカーヤ）を修行者の身の上に実現させることを目的とする。

この「五相」が、コンピュータのもつ入力・出力・記憶・演算・制御の「五機能」と似ているのだ。

「五相」とは、通達本心《つうたつほんしん》（菩提心《ぼだいしん》）・修菩提心《しゅうぼだいしん》・成金剛心《じょうこんごうしん》・証金剛心《しょうこんごうしん》・仏身円満《ぶつしんえんまん》である。

（一）通達本心（菩提心）とは、自己の心を観察してサマージ（三摩地）という悟りの境地に住し、胸に月輪《がちりん》を観想すること。この月輪を観想によってふくらませるようにイメージづけするのだ。これはコンピュータのシステムでは「記憶」装置に相当するであろう。そして「ふくらませる」という密教の観想行為は、コンピュータの記憶容量に等しい。

（二）修菩提心は、自己の心の中にある「清浄光明《しょうじょうこう》」と「智《ち》」を増大させるため月輪を観想して菩提心を発することである。これはまさしくコンピュータの「入力」（月輪の観想）

と「出力」（菩提心の発心）の関係に対応している。

仲介の役割が必要であるところも類似点だ。すなわちコンピュータの場合は、本体の後部にあるI／O（インプット／アウトプット）ポートが、外部入出力装置（キーボードやプリンタ）と接続するインターフェイスの役割を担っている。曼荼羅の場合もやはりインターフェイスが必要で、それはほかならぬ修行者すなわち人間である。

また、五相成身観における「智」の判断力は、コンピュータでいえば、ベーシックなどのプログラミング言語で書かれたプログラムを順に一語ずつマシン語に直す翻訳プログラム「インタープリタ」に等しい。

「智」とはもともと「一切の事柄と道理を判断してよく了解する精神作用」である。この精神作用にもとづく判断力は、コンピュータにおいては数値や記号に置き換えて発揮されるというわけである。
（三）成金剛心は「一切如来」の核心であり、普賢《ふげん》でもある心を発起することによって、そこで得られた菩提心を修習《しゆうじゆう》し終わり、その菩提心をますます堅固なものにすることである。これはコンピュータでいうと、RAMやROMなどの主記憶装置（メインメモリ）をフル回転させて「演算」のあらゆる方法を機能させ、またコンピュータ制御装置がうまく働くようにコントロールする「制御」の機能に対応する。

（四）証金剛心は金剛性を体現すること、
（五）仏身円満は行者の身体が仏の身体と同一だと悟ることである。
コンピュータのほうに引きつけて考えてみると、この（四）、（五）は、コンピュータと人間の一致あるいは近似のレベルを展望したものといえるだろう。

密教の観想体系とコンピュータシステムとの間には、このようにいくつかの共通点を見出すことができる。現代のアーティストが曼荼羅をテーマに表現し、エンジニアの中にも曼荼羅に関心をもつ人が少なくないのは、こうした不思議な共通性を直観的に感じ取っているからかもしれない。

主要な別尊曼荼羅一覧

1 阿弥陀曼荼羅　聖観音を中心に描く。極楽往生、滅罪、不空訳「無量寿如来観行供養儀軌」に説く。
2 薬師曼荼羅　薬師如来を中心に描く。病気、病気平癒、身体健康と増益。玄奘訳「薬師如来本願経」に説く。
3 釈迦曼荼羅　釈迦如来を中心に描く。「釈迦文尼仏金剛一乗修業儀軌法品」に説く。増益をおがみ延命長寿、勢力、幸福増進を願う。
4 仏眼曼荼羅　仏眼仏母を中心に描く。家族、一族の息災等および調伏。金剛智訳「金剛峯楼閣一切瑜伽瑜祇経」に説く。
5 大仏頂曼荼羅　大仏頂尊を中心に描く。摂一切仏頂曼荼羅ともいう。増益、とくに滅罪、と息災。達磨栖那訳「大妙金剛大甘露軍拏利焰鬘熾盛仏頂経」に説く。
6 一字金輪曼荼羅　一字金輪仏頂尊（釈迦金輪、大日金輪）を中心に描く。息災、増益、安産、延命。不空訳「金剛頂経一字頂輪王瑜伽一切時処念誦成仏儀軌」に説く。
7 菩提場荘厳経曼荼羅　釈迦如来を中心に描く。不空訳「菩提場荘厳陀羅尼経」に説く。滅罪を願う。
8 金剛城曼荼羅　大日如来を中心に描く。般若、牟尼室利訳「守護国界主陀羅尼経」に説く。護国、攘災を願う。
9 法華経曼荼羅　釈迦仏、多宝仏を中心に描く。不空訳「成就妙法蓮華経王瑜伽観智儀軌」および同「法華曼荼羅威儀形色法経」に説く。息災、延命、滅罪を願う。
10 宝楼閣曼荼羅　釈迦如来を中心に描く。不空訳「大宝広博楼閣善住秘密陀羅尼経」に説く。堂塔伽藍供養、増益、滅罪を願う。

11　出生無辺門経曼荼羅　羯磨波羅蜜菩薩を中心に描く。不空訳「出生無辺門陀羅尼経及び儀軌」に説く。悟《さと》りもかねた悉地成就《しっちじょうじゅ》を願う。

12　大勝《たいしょう》金剛曼荼羅　大勝金剛仏を中心に描く。金剛智訳「大勝金剛峯楼閣一切瑜伽瑜祇経」に説く。敬愛、調伏を願う。

13　尊勝曼荼羅　尊勝仏頂尊を中心に描く。善無畏訳「尊勝仏頂修瑜伽法儀軌」、不空訳「仏頂尊勝陀羅尼念誦儀軌」に説く。滅罪、息災、増益、求子（子宝）を願う。

14　熾盛光《しじょうこう》曼荼羅　熾盛光仏頂如来を中心に描く。「熾盛光仏頂威徳光明真言儀軌」に説く。攘災《じょうえん》。とくに古代・中世において日月蝕の天体の現象に恐怖と感じ誰もがおののいた。そのしずまりを願う。

15　孔雀経曼荼羅　優美な孔雀明王を中心に描く。不空訳「仏母大孔雀明王画像壇場儀軌」に説く。息災及び祈雨を願う。

16　仁王経曼荼羅　不動明王を中心に描く。不空訳「仁王護国般若波羅蜜多経陀羅尼念誦儀軌」に説く。護国、攘災と国家的な規模の守護を願う。

17　請雨経曼荼羅　釈迦如来を中心に描く。不空訳「大雲経祈雨壇法」、那連提耶舎訳「大雲輪請雨経」に説く。祈雨を願う。

18　理趣会曼荼羅　金剛薩埵を中心に描く。不空訳「金剛頂勝初瑜伽普賢菩薩念誦法」、「金剛頂初瑜伽経中略出大乗金剛薩埵念誦儀軌」に説く。敬愛、増益、息災を願う。

19　阿嚕力経曼荼羅　阿弥陀如来を中心に描く。不空訳「阿唎多羅尼阿嚕力経」に説く。息災、増益を願う。

20　安鎮曼荼羅　不動明王を中心に描く。金剛智訳「聖無動尊安鎮家国等法」に説く。寺院建立、護国、家屋安泰を願う。

21 六字経曼荼羅　釈迦如来を中心に描く。「六字神呪経」に説く。調伏、息災、安産を願う。

22 聖観音曼荼羅　聖観音を中心に描く。不空訳「大楽金剛不空真実三昧耶経般若波羅蜜多理趣釈」に説く。息災、福徳、除病を願う。

23 七星如意輪曼荼羅　如意輪観音を中心に描く。不空訳「七星如意輪」。

24 如意輪曼荼羅　如意輪観音を中心に描く。菩提流志訳「如意輪陀羅尼経」に説く。滅罪、増益、息災を願う。

25 千手観音曼荼羅　千手観音を中心に描く。不空訳「千眼千臂観世音菩薩陀羅尼神呪経」及び善無畏訳「千手観音造次第法儀軌」に説く。調伏、増益、息災、敬愛を願う。

26 八字文殊曼荼羅　八字文殊菩薩を中心に描く。菩提仙訳「大聖妙吉祥菩薩秘密八字陀羅尼修行曼荼羅次第儀軌法」に説く。息災、攘災を願う。

27 五字文殊曼荼羅　五字文殊菩薩を中心に描く。不空訳「曼殊室利童子菩薩五字瑜伽法及び金剛頂経曼殊室利菩薩五字心陀羅尼品」に説く。敬愛、息災を願う。

28 一髻文殊曼荼羅　一髻文殊菩薩を中心に描く。金剛智（と考えられる）訳「一髻文殊師利童子陀羅尼念誦儀軌」に説く。息災、増益を願う。

29 般若菩薩曼荼羅　般若菩薩（「般若心経法」本尊）を中心に描く。不空訳「修習般若波羅蜜菩薩観行念誦儀軌」に説く。福徳、増益、延命を願う。

30 普賢延命曼荼羅　普賢延命菩薩を中心に描く。不空訳「金剛寿命陀羅尼経」に説くが、曼荼羅の記述なし。延命、除病を願う。

31 虚空蔵曼荼羅　虚空蔵菩薩を中心に描く。不空訳「大楽金剛不空真実三昧耶経般若波羅蜜多理趣釈」に説く。増益を願う。

32 五大虚空蔵曼荼羅　五大虚空蔵菩薩を中心に円相（法界）内に描く。金剛智訳「金剛峯楼閣一切瑜伽瑜祇経」に説く。増益、攘災を願う。

33 弥勒曼荼羅　弥勒菩薩を中心に描く。善無畏訳「慈氏菩薩修愈誐念誦法」に説く。滅罪、増益を願う。

34 五秘密曼荼羅　金剛薩埵ほか欲・触・愛・慢の四金剛菩薩を中心に描く。不空訳「金剛頂瑜伽金剛薩埵五秘密修行念誦儀軌」、同「大乗金剛不空真実三昧耶経般若波羅蜜多理趣釈」に説く。延命、敬愛、滅罪を願う。

35 馬鳴菩薩曼荼羅　馬鳴菩薩を中心に描く。金剛智訳「馬鳴菩薩大神力無比験法念誦儀軌」に説く。殖蚕を願う。

36 金剛王曼荼羅　金剛王菩薩を中心に描く。不空訳「金剛王菩薩秘密念誦儀軌」に説く。敬愛を願う。

37 持世菩薩曼荼羅　持世菩薩を中心に描く。義浄訳「持世陀羅尼別行功能法」に説く。増益を願う。

38 大輪明王曼荼羅　大輪明王を中心に描く。不空訳「大楽金剛不空真実三昧耶経般若波羅蜜多理趣釈」に説く。強力な調伏を願う。

39 降三世明王曼荼羅　降三世明王を中心に描く。不空訳「大楽金剛不空真実三昧耶経般若波羅蜜多理趣釈」に説く。息災、及び強力な調伏、と増益を願う。

40 軍荼利明王曼荼羅　軍荼利明王を中心に描く。不空訳「甘露軍荼利菩薩供養念誦成就儀軌」に説く。強力な調伏、及び息災、増益を願う。

41 大威徳明王曼荼羅　大威徳明王を中心に描く。一行訳「曼殊室利焔曼徳迦万愛秘術如意法」に説く。強力な調伏を願う。

42 金剛夜叉明王曼荼羅　金剛夜叉明王を中心に描く。金剛智訳「金剛峯楼閣一切瑜伽瑜祇経」に説く。敬愛、調伏を願う。

43 大元明王曼荼羅　大元師明王を中心に描く。善無畏訳「阿吒薄倶元師大将上仏陀羅尼経修行儀軌」に説く。鎮護国家、戦勝、攘災を願う。

44 愛染明王曼荼羅　愛染明王を中心に描く。金剛智訳「金剛峯楼閣一切瑜伽瑜祇経」に説く。調伏、敬愛、息災を願う。

45 十二天曼荼羅　不動明王（坐像）を中心に描く。法全訳「供養護世八天法」及び「十二天供儀軌」に説く。息災、除病を願う。

46 十天曼荼羅　不動明王を中心に描く。不空訳「金剛頂瑜伽護摩儀軌」に説く。息災を願う。

47 妙見曼荼羅　妙見菩薩を中心に描く。一行訳「北辰別行法」及び「妙見菩薩神呪経」に説く。息災、除病、攘災を願う。

48 焔摩天曼荼羅　焔摩天を中心に描く。一行訳「大日経疏」に説く。延命、冥福、を願う。

49 吉祥天曼荼羅　吉祥天（立像）を中心に描く。阿地瞿多訳「陀羅尼集経」に説く。招福、増益を願う。

50 毘沙門天曼荼羅　毘沙門天を中心に描く。不空訳「毘沙門天王経」に説く。戦勝、息災を願う。

51 童子経曼荼羅　乾闥婆《げんだつば》を中心に描く。菩提流支訳「護諸童子陀羅尼経」に説く。童子子供（男・女）の除病を願う。

52 星曼荼羅（北斗曼荼羅）　釈迦金輪を中心に描く。一行訳「宿曜儀軌」、及び「七曜攘災決」（金倶吒）に説く。宿曜・占法にもとづく延命、増益、攘災を願う。

曼荼羅の主要文化財一覧

真鍋俊照 編

○印は国宝。他は重要文化財

A 密教系曼荼羅

	名称・員数		所蔵	時代	備考
1	○紫綾金銀泥絵両界曼荼羅図（高雄曼荼羅）	二幅	京都 神護寺	平安	『神護寺略記』灌頂院の条、によると天長年間に淳和天皇の発願にて転写。
2	○絹本着色両界曼荼羅図（伝真言院曼荼羅）	二幅	京都 教王護国寺	平安	
3	○紺綾地金銀泥絵両界曼荼羅図（子島曼荼羅）	二幅	奈良 子島寺	平安	
4	絹本着色両界曼荼羅図（血曼荼羅）	二幅	和歌山 金剛峯寺	平安	
5	紫綾金泥両界曼荼羅図	二幅	山形 上杉神社	平安	
6	絹本着色両界曼荼羅図残欠（甲本）附曼荼羅断片及び軸板二枚錦残欠等一括	二枚	京都 教王護国寺	鎌倉・江戸	
	絹本着色両界曼荼羅図残欠（乙本）附曼荼羅断片及び軸板二枚錦残欠等一括	二枚			
	絹本着色両界曼荼羅図 天正十二年栄順の修理裏書がある	二幅			
	絹本着色両界曼荼羅図（元禄本）附絹本着色両界曼荼羅図断片一括	二幅			
7	絹本着色両界曼荼羅図（敷曼荼羅）	二幅		平安	

8	絹本着色両界曼荼羅図厨子入	二面	滋賀	聖衆来迎寺	鎌倉	
9	絹本着色両界曼荼羅図	二幅	和歌山	竜光院	鎌倉	
10	絹本着色両界曼荼羅図	二幅	東京	寛永寺	鎌倉	
11	絹本着色両界曼荼羅図	二幅	長野	清水寺	鎌倉	
12	絹本着色両界曼荼羅図	二幅	岡山	長福寺	南北朝	
13	絹本着色両界曼荼羅図	二幅	大阪	四天王寺	鎌倉	
14	絹本着色両界曼荼羅図	二幅	香川	極楽寺	鎌倉	鎌倉前期か。背面「高野山谷上慈光院什物」と記す。
15	絹本着色両界曼荼羅図	二幅	滋賀	園城寺	南北朝	
16	絹本着色両界曼荼羅図	二幅	兵庫	太山寺	南北朝	
17	絹本着色両界曼荼羅図	二幅		〃	鎌倉	
18	絹本着色両界曼荼羅図厨子入	二面	奈良国立博物館		鎌倉	
19	絹本着色両界曼荼羅図	二幅	京都	醍醐寺	鎌倉	
20	絹本着色両界曼荼羅図	二幅	広島	浄土寺	鎌倉	
21	絹本着色金剛界八十一尊曼荼羅図	一幅	東京	根津美術館	鎌倉	文明九年の裏書押紙に建武五年修補の旧記アリ。
22	板彫胎蔵界曼荼羅	二面	和歌山	金剛峯寺	平安	平時氏の修理亮となった一二二七年以後の墨書アリ。
23	絹本着色一字金輪曼荼羅図	一幅	奈良	北村繁樹	鎌倉	

24	絹本着色一字金輪曼荼羅図	一幅	和歌山	遍照光院	鎌倉（一二二〇）	裏に承久二年深賢伝領の押紙がある。
25	絹本着色一字金輪曼荼羅図	一幅	奈良	南法華寺	鎌倉	
26	絹本着色一字金輪曼荼羅図	一幅	島根	鰐淵寺	鎌倉	
27	絹本着色一字金輪曼荼羅図	一幅	東京	日野原節三	鎌倉	
28	絹本着色大仏頂曼荼羅図	一幅	文化庁		平安	
29	絹本着色八大仏頂曼荼羅図	一幅	滋賀	園城寺	鎌倉	
30	絹本着色尊勝曼荼羅図	一幅	京都	教王護国寺	鎌倉	
31	絹本着色尊勝曼荼羅図	一幅	東京	護国寺	鎌倉	

B　白描図像の曼荼羅（密教系）

1	◎紙本墨画五部心観（完本）	一巻	滋賀	園城寺	唐	円珍の大中九年奥書。
2	◎紙本墨画五部心観	一巻	滋賀	園城寺	平安	巻初を欠く。
3	紙本墨画五部心観	一巻	和歌山	西南院	平安（一一七三）	承安三年奥書。
4	紙本墨画五部心観	一巻	兵庫	武藤金太	鎌倉（一一九四）	（智証大師本）建久五年禅覚書写奥書。
5	紙本墨画胎蔵曼荼羅略記	二巻	京都	教王護国寺	平安（一一三三）	（京都　観智院旧蔵）長承二年書写奥書。
6	紙本墨画胎蔵図像	二巻	奈良国立博物館		鎌倉（一一九四）	（智証大師本）建久五年禅覚書写奥書。

7 紙本墨画胎蔵旧図様　一巻　兵庫　武藤金太　鎌倉（一一九三）　(智証大師本)　建久四年禅覚書写奥書。

8 紙本白描曼荼羅集　三冊　京都　教王護国寺　鎌倉（一二三三）　(京都　観智院旧蔵)　天福元年定真奥書。

9 紙本白描星曼荼羅図残欠　一冊　京都　教王護国寺　平安（一一一三）　(京都　宝菩提院旧蔵)　天永四年有覚奥書。

10 紙本墨画十八会曼荼羅図像　一巻　京都　醍醐寺　鎌倉　(密教図像三九点一括指定のうち)

11 紙本墨画太元師曼荼羅図　一幅　京都　教王護国寺　平安　(一八面二六臂)　密教図像十点一括指定のうち。

12 紙本墨画太元師曼荼羅図　一幅　〃　平安　(四面八臂)。裏書成賢本の旧記。

13 紙本墨画請雨経曼荼羅図　一幅　〃　鎌倉

14 火羅図　一幅　〃　平安

C　垂迹系曼荼羅

1 絹本着色熊野曼荼羅図　一幅　京都　聖護院　鎌倉

2 絹本着色熊野曼荼羅図　一幅　京都　高山寺　鎌倉

3 絹本着色熊野曼荼羅図　一幅　兵庫　湯泉神社　鎌倉

4 絹本着色熊野曼荼羅図　一幅　東京　静嘉堂　南北朝

5 絹本着色伝熊野曼荼羅図　一幅　和歌山　竜泉院　鎌倉

6	絹本着色春日宮曼荼羅図	一幅	大阪	湯木美術館	鎌倉（一三〇〇）	（表装裏押紙二）正安二年紙師観寂法橋、銘太上法皇禅林寺殿云々トアリ。
7	絹本着色春日曼荼羅図	一幅	奈良	能満院	鎌倉	
8	絹本着色春日曼荼羅図	一幅	東京	静嘉堂	南北朝	
9	絹本着色春日曼荼羅図	一幅	奈良	宝山寺	南北朝	
10	絹本着色春日鹿曼荼羅図	一幅	京都	陽明文庫	南北朝	
11	絹本着色興福寺曼荼羅図	一幅	京都国立博物館		鎌倉	
12	絹本着色日吉山王曼荼羅図	一幅	東京	霊雲寺	鎌倉	旧名称　絹本着色吉野曼荼羅図。（伝土佐吉光筆）（昭三七、二、二　名称変更）
13	絹本着色日吉山王曼荼羅図	一幅	島根	鰐淵寺	鎌倉	
14	絹本着色日吉山王曼荼羅図	一幅	滋賀	西教寺	鎌倉	
15	絹本着色日吉山王曼荼羅図	一幅	東京	佐野公一	南北朝	
16	絹本着色日吉山王曼荼羅図	一幅	滋賀	浄厳院	鎌倉	
17	絹本着色日吉山王曼荼羅図	一幅	滋賀	百済寺	鎌倉	
18	絹本着色石清水八幡曼荼羅図	一幅	福岡	倉石文夫	鎌倉	
19	絹本着色石清水曼荼羅図	一幅	京都	八角院	南北朝	
20	絹本着色石清水八幡曼荼羅図	一幅	東京	大倉文化財団	鎌倉	
21	絹本着色男山八幡宮曼荼羅図	一幅	東京	井上三郎	鎌倉	

22　絹本着色伝柿本曼荼羅図　一幅　奈良　大和文華館　鎌倉（一四七六）　附 紙本墨書文明八年柿本寺修造慶範勧進状一巻。
23　絹本着色笠置曼荼羅図　一幅　〃　鎌倉
24　絹本着色生駒曼荼羅図　一幅　奈良国立博物館　鎌倉　天文二年及び宝永二年の修理裏書がある。
25　絹本着色富士曼荼羅図　一幅　静岡　富士本宮浅間神社　室町
26　絹本着色八幡曼荼羅図　一幀　大阪　来迎寺　鎌倉

ちくま新書
1121

密教《みっきょう》アート入門《にゅうもん》

二〇一五年四月一〇日　第一刷発行

著者　真鍋俊照（まなべ・しゅんしょう）

発行者　熊沢敏之

発行所　株式会社　筑摩書房
東京都台東区蔵前二-五-三　郵便番号一一一-八七五五
振替〇〇一六〇-八-四一二三

装幀者　間村俊一

印刷・製本　株式会社　精興社

ご注文・お問い合わせも左記へお願いいたします。
〒三三一-八五〇七　さいたま市北区櫛引町二-六〇四
筑摩書房サービスセンター　電話〇四八-六五一-〇〇五三

ISBN978-4-480-06806-4 C0215

ちくま新書

601 **法隆寺の謎を解く** 武澤秀一

世界最古の木造建築物として有名な法隆寺は、創建・再建の動機を始め多くの謎に包まれている。その構造から古代史を読みとく、空間の出来事による「日本」発見。

734 **寺社勢力の中世**
——無縁・有縁・移民
伊藤正敏

最先端の技術、軍事力、経済力を持ちながら、同時に、国家の論理、有縁の絆を断ち切る中世の「無縁」所。第一次史料を駆使し、中世日本を生々しく再現する。

1093 **織田信長** 神田千里

信長は「革命児」だったのか？　近世へ向けて価値観が大転換した戦国時代、伝統的権威と協調し諸大名や世間の評判にも敏感だった武将の像を、史実から描き出す。

1096 **幕末史** 佐々木克

日本が大きく揺らいだ激動の幕末。そのとき何が起き、何が変わったのか。黒船来航から明治維新まで、日本の生まれ変わる軌跡をダイナミックに一望する決定版。

1098 **古代インドの思想**
——自然・文明・宗教
山下博司

インダス文明の謎とヒンドゥー教の萌芽。アーリヤ人侵入とヴェーダの神々。ウパニシャッドから仏教・ジャイナ教へ……。多様性の国の源流を、古代世界に探る。

064 **民俗学への招待** 宮田登

なぜ私たちは正月に門松をたて雑煮を食べ、晴着を着るのだろうか。柳田国男、南方熊楠、折口信夫などの民俗学研究の成果を軸に、日本人の文化の深層と謎に迫る。

085 **日本人はなぜ無宗教なのか** 阿満利麿

日本人には神仏とともに生きた長い伝統がある。それなのになぜ現代人は無宗教を標榜し、特定宗派を怖れるのだろうか？　あらためて宗教の意味を問いなおす。

ちくま新書

222 人はなぜ宗教を必要とするのか　阿満利麿
宗教なんてインチキだ、騙されるのは弱い人間だからだ——そんな誤解にひとつずつこたえ、「無宗教」から「信仰」へと踏みだす道すじを、わかりやすく語る。

445 禅的生活　玄侑宗久
禅とは自由な精神だ！　禅語の数々を紹介しながら、言葉では届かない禅的思考の境地へ誘う。窮屈な日常に変化をもたらし、のびやかな自分に出会う禅入門の一冊。

615 現代語訳 般若心経　玄侑宗久
人はどうしたら苦しみから自由になれるのか。言葉や概念といった理知を超え、いのちの全体性を取り戻すための手引を、現代人の実感に寄り添って語る新訳決定版。

660 仏教と日本人　阿満利麿
日本の精神風土のもと、伝来した仏教はどのように変質し血肉化されたのか。日本人は仏教に出逢い何を学んだのか。文化の根底に流れる民族的心性を見定める試み。

744 宗教学の名著30　島薗進
哲学、歴史学、文学、社会学、心理学など多領域から宗教理解、理論の諸成果を取り上げ、現代における宗教的なものの意味を問う。深い人間理解へ誘うブックガイド。

783 日々是修行——現代人のための仏教一〇〇話　佐々木閑
仏教の本質とは生き方を変えることだ。日々のいとなみの中で智慧の力を磨けば、人は苦しみから自由になれる。科学の時代に光を放つ初期仏教の合理的な考え方とは。

814 完全教祖マニュアル　架神恭介　辰巳一世
キリスト教、イスラム、仏教などの伝統宗教から現代日本の新興宗教まで古今東西の宗教を徹底的に分析。教義や組織の作り方、奇跡の起こし方などすべてがわかる！

ちくま新書

764
日本人はなぜ「さようなら」と別れるのか　竹内整一
一般に、世界の別れ言葉は「神の身許によくあれかし」、「また会いましょう」、「お元気で」の三つだが、日本人にだけ「さようなら」がある。その精神史を探究する。

990
入門　朱子学と陽明学　小倉紀蔵
儒教を哲学化した朱子学と、それを継承しつつ克服しようとした陽明学。東アジアの思想空間を今も規定するその世界観の真実に迫る、全く新しいタイプの入門概説書。

1079
入門　老荘思想　湯浅邦弘
俗世の常識や価値観から我々を解き放とうとする「老子」と「荘子」の思想。新発見の資料を踏まえてその教えをじっくり読み、謎に包まれた思想をいま解き明かす。

1099
日本思想全史　清水正之
外来の宗教や哲学を受け入れ続けてきた日本人。その根底に流れる思想とは何か。古代から現代まで、この国のものの考え方のすべてがわかる、初めての本格的通史。

877
現代語訳　論語　齋藤孝訳
学び続けることの中に人生がある。――二千五百年間、読み継がれ、多くの人々の「精神の基準」となった古典中の古典を、生き生きとした訳で現代日本人に届ける。

766
現代語訳　学問のすすめ　福澤諭吉　齋藤孝訳
諭吉がすすめる「学問」とは？　世のために動くことで自分自身も充実する生き方を示し、激動の明治時代を導いた大ベストセラーから、今すべきことが見えてくる。

859
倭人伝を読みなおす　森浩一
開けた都市、文字の使用、大陸の情勢に機敏に反応する外交。――古代史の一級資料「倭人伝」を正確に読みとき、当時の活気あふれる倭の姿を浮き彫りにする。